精神科医が教える

「がんばらない老後」のすすめ

◆

保坂 隆

JN129366

はじめに――「がんばらない」第二の人生を送ってみよう

年齢を重ね、職を退《しりぞ》いてから送る老後の人生のことを「余生」といいますね。この言葉からは、「現役を退いて、あとはのんびりと生活を楽しみ、静かに時間を送る」といったイメージが感じられますが、現代人にとっては、すでに現実にそぐわない言葉になっているような気がしてなりません。

人生60年などと呼ばれていた頃なら、第一線を退いてすぐに人生を終えたかもしれませんが、現在は食生活の向上や医療の発達によって健康で長生きできるので、人生を終えるのはずっと先のことです。

だからこそ、老後は「人生のおまけ」のような軽い扱いはできません。老後はまさに人生の折り返し地点であり、第二の人生のスタートラインなのです。

あと残り半分の人生をどう生きるか。

世の中には、老後を心から楽しみ、輝いた毎日を送っている人たちがたくさんいます。彼らは、シニアの暮らしでしか味わえない自由で気ままな毎日を満喫《まんきつ》しているのです。

現役時代は会社に縛られ家族に縛られ奮闘してきた男性も、あるいは子育てや介護に追われながらがんばり続けた女性も、定年や子どもの独立などといった区切りを経て、しがらみから解き放たれ、やっと自由を手にする……。自分の思いどおりに生きるのが、シニアの最大の魅力なのです。

たしかに、年齢を重ねることによって体の不調が出たり、不安を感じることもあるでしょう。しかし、行政のサービスやシルバービジネスを上手に利用すれば、不安の多くは解消できます。

本書では、ストレスのない気ままな老後のすばらしさや、楽をして第二の人生をすごすコツ、適度な力の抜き方などを具体的に紹介していきます。「がんばらない老後」が、そのキーワードです。これから老後を迎える人、そして現在、老後を送っている人にも役立つ情報が満載です。あなたのシルバーライフがより豊かで楽しいものになりますように、心から祈っています。

保坂　隆

目次

第2章 がんばらない楽チン生活

第3章 気軽に「脳にいいこと」をはじめよう……95

第5章 ひとり暮らしの老後もバラ色です

第1章

がんばらず、欲張らず、我を張らず

「がんばらない」はホッとする生き方

日本人はつくづく「がんばる」ことが好きだと感じることがあります。

職場の飲み会などでは上役が、

「みんなで一丸となって、がんばりましょう」

「売り上げ達成をめざして、何とかがんばりましょう」

などと声を張り上げるのが定番です。また、受験生や試合前の選手には、

「自分の心に負けないようにがんばれ！」

「実力を120パーセント出し切るようにがんばれ！」

というように叱咤《しった》激励《げきれい》しますね。それに自己紹介の際には、

「精一杯がんばりますので、よろしくお願いします」

このように話すのが決まり文句です。

こうして多くの日本人は「会社のため」「家族のため」「仲間のため」と、日夜

がんばっているわけですが、そんなにがんばり続けていたのでは息が切れてしまいます。競争社会の真っ只中にいる人たちは、がんばらざるを得ないのかもしれませんが、シニアになったのなら肩の力を抜いて、少し適当に、ゆるゆるとがんばらない生き方をするのもいいでしょう。

しかし、長年の習慣はなかなか抜けず、がんばることをやめられないシニアがいます。「まだまだ私は若いんだ」「若い奴になんか負けていられるか」と思っているうえ、老いに対する反抗心というか、闘志がみなぎっているため、ちょっとのことでも爆発を起こすようです。

先日、電車で見かけたシニアの男性は、大学生風の青年を怒鳴りつけていました。怒っている理由は、青年が座席で足を組んでいたこと。公衆の面前で怒鳴り散らされた青年はバツが悪そうに何度も頭を下げているのですが、シニアの怒りはなかなかおさまりません。

「いい年をして、混んだ電車で足を組んだら、まわりに迷惑になることぐらいわかるだろう。誰も注意しないと思ったら大間違いなんだぞ。悪いことは悪いとハッキリ言う人間もいるんだ！」

まるで車両中に響き渡るような大声を出すのです。当の本人は「若い奴には負けない自分」をアピールしているのかもしれませんが、反論も反抗もしない青年に対して、しつこく大声を出す姿はひどく年寄りくさく見えました。

不思議なもので、「年寄りに思われたくない」「若々しくありたい」とがんばる人ほど、周囲の目には年寄りに映ります。

反対に、がんばりすぎず、自然に「老い」を受け入れている人のほうが若さを感じます。感情のコントロールができない「暴走老人」にならないように、肩の力を抜いた年齢の重ね方をしたいものですね。

持ち物が増えても心が豊かになるとは限らない

私たちは多くの物に囲まれて生活しています。ところが、その半分、いやそれ以上なくなってしまったとしても、生活していくうえで何の支障もないのですから驚きですね。引っ越しを機に、不要なものを捨てようとすると、ものすごい量のゴミが出るのが何よりの証拠です。しかし、それだけ多くの物に囲まれていながらも、「○○があったら、もっと豊かな生活が送れるのに」

そう考え、また新しく買い足したり、買えないことに苛立《いらだ》ちを覚えるシニアが少なくありません。

財布は天国まで持っていくわけにはいきませんが、だからといってわざわざ不要なものを買ってお金を減らす必要もありません。

日本人の大半は、今ある物だけで十分に暮らせます。新しく何かを買うときは、本当に必要かどうかをよく考えてからにしましょう。

自分のやり方を他人に押しつけない

人間、年齢を重ねると誰でも頑固《がんこ》になるといいますね。それは、長い時間生きてきてさまざまな経験が蓄積され、自分なりの考え方や方法が確立されるからです。ですから、多くのシニアは自分のやり方や考え方に固執します。それが「頑固」と呼ばれる原因です。

「頑固」という言葉からは、融通《ゆうずう》がきかない、頭が固いといったマイナスイメージが連想されやすいのですが、決して悪いことではありません。長年かけて磨きあげた自分なりのルールですから、ほとんどの物事はこのルールにのっとって行えば失敗はありませんし、また、仮に結果が悪くても後悔しにくいのです。

厄介《やっかい》なのは、年齢を重ねれば重ねるほど、自分のルールをほかの人にも当てはめようとする傾向が強くなることでしょう。たとえば買い物のしかたを例にとって考えてみましょう。

Aさんは「開店と同時にスーパーに行くのがいい」と考えます。それは、商品の品数が豊富なこと、商品が新鮮であるという利点があるからです。しかし、Bさんは「閉店ぎりぎりに行くのがいい」と考えます。値引き商品が並ぶため、同じものでも安く買えるという利点があるからです。どちらの意見も理屈が通っていますから、自分がこの方法が一番と思ったやり方でやれば何の問題も生まれません。

しかし、BさんがAさんに対して、

「開店と同時に行ったら値引きがないじゃないか、そんな買い物のしかたは間違いだ」

と言ったらどうでしょうか。

「私は安さより新鮮さのほうが大切なんだ。君こそ考え方が間違っている」

と言い返して、ケンカがはじまるかもしれません。お互いに「自分が正しい」と思っているから、こうなるのです。

もし、あなたが誰かのやり方を見て「自分のやり方のほうが正しいのに」と思うことがあっても、それをストレートに口に出してはいけません。当たり前かもしれませんが、相手には相手のルール、相手なりのやり方があるのです。

どうしても気になるときは、

「あくまでこれは自分のやり方なんだけどね」

「あなたにとっていいかどうかはわからないけれど、○○という方法もあるよ」

このように、自説にこだわらず、押しつけにならないようにアドバイスするのがいいでしょう。

可愛げのあるシニアになろう

電車に乗っていると、シニアに席を譲る人を見かけることがあります。席を譲っているのが、最新ファッションの若い人だったりすると、ほほえましく、見ているこちらまで笑顔になってしまいますね。

慣れたしぐさでスッと席を立ち、

「よろしければどうぞ」

と席を譲る人もいれば、緊張した面持ちで、

「あの、ここ、座ってください」

などとぎこちなく言う人もいます。どちらも年長者に対する敬意やいたわりの気持ちが感じられ、周囲の空気を明るくしてくれます。

ところが、このときのシニアの対応はさまざまです。

「年長者の自分が座るのは当たり前だ」とばかりに、礼も言わずに座る人もいれ

ば、「あら、ありがとう」と、うれしそうに座る人もいます。

さらに、「私はまだ、そんな年じゃない！」と言わんばかりに、「いや、けっこうです」と断る人もいて、一様ではありません。

しかし、このなかで可愛げのあるシニアと言えるのは、礼を述べてうれしそうに座る人だけです。

席を譲る人は、相手に喜んでもらいたいという気持ちですから、素直に喜んでもらえれば自分もうれしいのです。しかし、譲ってもらって当然という態度には、シニアの傲慢《ごうまん》さしか感じられません。

また、「いいえ、けっこうです」と断る人は一見礼儀正しいように思えますが、じつは相手の善意を傷つけていると気づかない、デリカシーに欠けるシニアと言えます。なぜなら、席を譲る人と席を譲られる人はほぼ初対面で、「どうぞ」と声をかけるのにはそれなりの勇気がいります。それなのに、ピシャリと「けっこうです」と言われたら、善意をすべて拒否されたようで悲しくなりますね。そして「もう、人に席を譲るのはやめよう」と思うかもしれません。

席を譲ってほしくない、席を譲るには及ばないと考えるのなら、「ありがとう。でも、次で降りますから大丈夫ですよ」と話すぐらいの思いやりは持ちたいですね。さらに、こう言ったからには、ちょっと離れた場所に移動する努力も必要です。

「けっこうです」と断っておいて、前に立ち続けられたら、譲ろうとした人はいたたまれません。そんな傲慢なシニアにはなりたくないですね。

可愛げのあるシニアは、がんばりすぎず、相手の好意には素直に甘え、感謝の心で応じる人です。たかが電車の席のことと思わず、自分の日頃の行動を見直してみてください。

熱くなったケンカは、がんばらずに収拾する

言葉の行き違いがあったり、誤解などから友人とケンカするのは、よくある話です。自分が正しいと信じていたら曲げることはないと思いますが、ケンカの原

因を考えると、ささいなことだったりします。ところが、一度こぶしを振りあげると、お互いになかなか下ろせません。

「ケンカ両成敗」という言葉があります。どちらにも非があるということです。

周囲の人から言わせると、「どっちもどっち」ということが多いのではないでしょうか。頭を冷やしてみれば、「ケンカするほどのことではなかったな」という経験があるのではありませんか。

問題は、振りあげてしまったこぶしを、どう下ろすかという点です。

どちらもカーッとなっている状態では、こぶしを下ろすどころではないでしょう。チャンスが見つかるのは、どちらかの熱が冷めたときだと思います。

「これじゃいけない」と気づいたほうが頭を下げて、

「悪かった。言いすぎた」

「そちらの言い分も、もっともだね。これまで気がつかなくて悪かった」

と、先に謝ってしまうのが賢明でしょう。こうして一方が折れれば、相手としても、

「そちらがそう言うなら」

「いや、こっちこそ」

と、こぶしを下ろすしかありません。もしかしたら相手側も、「さて、どうやって振りあげたこぶしを下ろしたらいいのか」と困っていたかもしれないのです。

「しょせん人は人、私は私」と口に出す効果

「隣の花は赤い」「隣の芝は青い」「他人の飯《めし》は白い」

これらはすべて、他人のものは自分のものに比べると何でもよく見え、うらやましく思えるという意味のことわざです。ことわざになるくらいですから、老若男女を問わず、多くの人はこうした感情を持っているのでしょう。とくにシニアになるとはっきり表れやすくなるので、注意が必要です。

たとえば、友人に何かうれしいことがあったとしましょう。そんなとき、「いいなあ○○さん、うらやましいな」と思うのは珍しいことではありません。ごく自然な感情です。しかし、シニアになるとそこからさらに発展し、

「いいな。どうして○○さんばっかりいいことが起こるんだろう？」

「私のほうが○○さんより真面目に生きているのに」

「どうせ私は○○さんみたいに恵まれてないわ」

などと、悪いほう悪いほうに考えてしまう傾向があるようです。その結果、不機嫌な状態が長く続き、何もかもが楽しくなくなってしまいます。いわゆる「年寄りのひがみっぽさ」というものでしょう。

たしかに他人にいいことが起こり、自分にいいことが起こらなければ不公平にも思えますが、本当にそうでしょうか。

発端となっている「友だちにいいことが起きた」という事実ですが、よくよく考えてみると、直接自分とは関係のないことですね。「友だちにいいことが起きて、それをさんざん自慢されたおかげでストレスがたまって病気になった」というのなら話は別ですが、単に「友だちにいいことがあった」のなら、それ以上でもそれ以下でもありません。要するに他人事なのです。

「しょせん人は人」という考え方を身につけた人は、ストレス知らずで生きてい

けます。なかなか難しいかもしれませんが、もし他人のことで自分の気持ちが沈みそうになったら、

「しょせん人は人、私は私」

と口に出してみましょう。ちょっとした落ち込みなら脱け出せるかもしれません。

マイナス思考の発言は嫌われる

高梨さんは月に1回の割合で定期的に、以前に働いていた会社の定年退職仲間と飲みに行きます。全員合わせると30名くらいになりますが、そのなかのひとりの村上さんに、うんざりしていました。

会社にいた頃は部署が違っていたため、ほとんど接点がなかったのですが、飲み会で話をしているうちに自宅が近いということがわかり、また、お互いに妻に先立たれてひとり暮らしをしているという共通点もあって、一気に距離が縮まったのでしたが……。

村上さんの何が苦手かというと、とにかく心配性なところです。たとえばある俳優ががんになったという話題が出たとすると、

「あんなに元気な人までがんになるんだから、俺だっていつそうなるかわからないな。来年あたり、がんになったらどうしようか」

「今は昔みたいに痛みで苦しまないって言うけど、薬が効かない人もいるらしいんだ。もし効かなかったらどうしよう」

さらに、天災の話になったときは、

「大きな地震が起こったら、うちのマンションは倒れたりしないだろうか」

「もし下の階のほうが壊れたらどうしよう。そんなときは、上の階が何ともなくても全部取り壊しになるのかな」

とにかく口から出る言葉がすべてマイナス思考なのです。

それでも最初のうちは、

「心配するなって。あんたは運が強そうな顔をしてるから大丈夫だって」

「明日のことは明日にならなきゃわからないよ。心配したってしかたないさ」

などと励《はげ》ましていましたが、あまりにネガティブな言葉ばかりなので、

「君は俺に嫌《いや》がらせをしているのかい。心配すれば悪いことが起こらないわけじゃあるまいし。後ろ向きなことばかり聞かされたんじゃ、せっかく楽しく飲もうと思ってるのに、気分が台なしじゃないか」

と怒鳴りつけてしまったのです。

とにかく取り越し苦労はやめよう

あれこれと無用な心配をすることを「杞憂《きゆう》」といいますね。中国の故事で「昔、杞《き》の国のある人が、『天が崩《くず》れて空から降ってきたらどうしよう』『地が崩れて落ちてしまったらどうしよう』と思い悩んで、夜も眠れなかった」という話がもとになって生まれた言葉です。

ここまで極端な人はいないかもしれませんが、似たような「取り越し苦労」や「過度な心配性」の人ならば、どこの世界にも、ひとりやふたりはいますね。しか

も、シニアになると、なぜかその数がぐんと増えるのです。

心配性になる原因はさまざまですが、シニアの場合は「喪失《そうしつ》」がキーワードになるのではないでしょうか。年齢を重ねると、体力が落ちます。そして、瞬発力が落ちます。また退職すれば、収入も落ちるでしょう。こうしたさまざまなことが大きな喪失感になります。いろいろな面で自信がなくなってしまうため、必要のないことまで心配するようになるのです。

事前に打っておく手があるとか、予防策がある場合なら「心配」も有効です。しかし、考えてもどうにもならないことを気に病《や》んで、しかもそのマイナスのパワーを周囲にまき散らすような人は、確実に嫌われます。

困ったときは、遠くの親族より近くの他人のほうが助けになります。ひとり暮らしのシニアの場合はとくに、ひとりでも多くの人とつながっていたほうが安心です。知らず知らずのうちに鼻つまみ者にならないよう、マイナスの発言には十分に気をつけましょう。

また、若い世代の人たちが嫌うシニアの発言に、次のようなものがあります。

「私なんか、いつまで生きられるかわからない」

「私には先がないからね」

「その頃には死んでるよ」

こんなふうに言われたら、若い世代は返す言葉がありません。こんな嫌味《いやみ》を口にする人とは一緒にいたくないと思うでしょう。

相手に嫌われたい、相手を思い切り不快な気分にさせたいという気持ちがないのなら、これらの言葉は封印しましょう。

こんなことを話しても、何ひとついいことはありません。つい愚痴《ぐち》のように出がちなので、注意が必要です。

血圧をやたらに気にしない

「このごろ、血圧がちょっと高くて……」と、深刻になる人がいます。もちろん、長生きには健康が欠かせません。ただし、検査の数値を考えすぎて悩むことはないと思います。

検査結果を見て、「ああ、私も年だな」「これじゃ、長く生きられそうにない」とガッカリしてしまう人があまりにも多いのです。

「健康ブームというのは、健康人が増えることではなく、健康を気にかける人、健康に不安な人が増えること。不健康ブームというほうが正確かもしれない」と指摘する医学者もいますが、私も同じように考えています。

かなりシンプルな構造の機械でも、何十年も故障なしで動き続けるのは難しいのですから、時間とともに人間にガタが出るのは当然です。

たしかに、血圧が高ければ脳卒中《のうそっちゅう》や心筋梗塞《しんきんこうそく》、腎《じん》障害などが出やすくなりはします。しかし、血圧は年齢とともに上昇していくものです。

もしも医師に「ちょっと血圧が高いですね。何か生活に変化がありますか」と指摘されても、自分で不調を感じていない程度なら、深刻に考えすぎることはありません。

上が２００を超えているような状態では適切な治療が必要ですが、「ちょっと高め」と言われたくらいで考えすぎていれば、ますます上がるだけでしょう。

体調をコントロールできているなら、それ以上はがんばらないでいいと思います。

できなくなるのは「する必要がなくなった」から

年齢を重ねると、若い頃にできていたことができなくなるのは事実です。高校生の頃なら50メートルを7秒台で走れた人でも、80歳でそのタイムがキープできる人はいません。また、若い頃なら回転寿司を一気に30皿食べられた人も、60歳を超えたらそんな無茶な食べ方はできなくなるはずです。

しかし、それを憂《うれ》える必要がどこにあるでしょうか。どこにもありませんね。年齢を重ねて何かができなくなるのは、考え方を変えれば、「する必要がなくなる」からです。

何もスポーツ選手のように走れなくても、信号が変わる前に横断歩道を渡り切れれば問題ありません。また、あわててトイレに駆け込む必要がないように、行きたくなる前に用を足しておけばいいのです。

さらに早食いや食べすぎは、シニアに限らず、体に毒です。少量をゆっくりと時間をかけて食べることは、かえって体にいいはずです。

しかし残念なことに、「できなくなった」という事実だけに目を向けて、自分自身が嫌いになってしまう人がいます。自分自身が嫌いな人は、自分を大切にしません。そして、自分を大切にしない人が他人に対して優しくできるわけはありませんから、だんだん周囲の人からも嫌われるようになるのです。周囲に疎《うと》まれればそんな自分がますます嫌いになるという負の連鎖に巻き込まれ、苦しみから抜け出られなくなります。それでは生きていても楽しいことはありませんね。

その逆で、自分自身が好きな人は毎日が楽しく輝いています。自分が好きだから自分を大切にし、他人にも親切にする余裕が生まれます。

親切にしてもらった人はその人のことを好きになりますから、幸せの連鎖がいつまでも続くのです。

では、どうしたら「自分のことを好きな自分」になれるのでしょうか。

生きているだけで丸儲け

まず、自分を認めてあげることからはじめましょう。「認める」などと書くと、ひどく難しいような気がしますが、簡単なことです。

たとえば、自分の足。ちょっと動かしてみてください。そして立ちあがって2、3歩歩いてみてください。それができたら儲けものです。

「今日も快調に動くな。よしよし、いいぞ」

と指差し確認してみましょう。高齢者になると、足の不調は深刻です。家のなかを自由に歩けるだけでもすばらしいことでしょう。

次に、手を握ったり開いたりしてみましょう。ついでに、近くにあるものをつかんでみましょう。それができたら、

「お、いいね。ちゃんとつかめるじゃないか、好調、好調」

と口に出してみるのです。

人間にとっては物をつかんで持ちあげることなど簡単な動作ですが、同じ動作をロボットでやらせるには、大変な研究がなければできません。それをいとも簡単にやってのけてしまったのですから、大いに認めるべきなのです。

さらに、鏡の前で顔を映してみてください。

口を大きく開けたりすぼめたりしたあとに、笑顔を作ってみましょう。それができたら拍手喝采《はくしゅかっさい》。鏡のなかの自分を指差して、

「いいね。表情筋がちっとも衰えていない、すばらしい」

そうほめてあげるのです。

笑顔を作るには気持ちの余裕がなければできませんし、表情を失ってしまったら、人とのコミュニケーションが困難になります。それ以前に、自分の顔を自分で見ることができるのがすばらしいのです。

本を手にとって読めるのもすばらしいですし、何の意識もしなくても呼吸をしているのもすばらしい。極論すると、「生きている」、それだけですばらしいことなのです。

人間は感情の生き物ですから、落ち込んだり、自分が嫌いになってしまうこともあるでしょう。人と比べれば「とりえがない」「恵まれていない」と思うこともあるでしょう。しかし、あなたという人間はこの世にたったひとりだけ、何物にも代えがたい価値ある存在なのです。

年齢を重ねると、さまざまな喪失感を味わうかもしれませんが、「生きている自分」の存在価値だけは決して失ってはいけません。たとえ世界中が敵に回ったとしても、自分だけは自分の味方であり、自分こそが自分の最大の理解者なのですから。

ちょっとしたぜいたくが心を豊かにする

都内のマンションで暮らす智代さんは、毎日お茶の時間になると食器棚の前に立って、「今日はどれを使おうかしら……」と、自分のお茶を淹《い》れるための湯のみ茶碗を選ぶのが日課だそうです。

食器棚には有田、益子《ましこ》、清水《きよみず》、九谷《くたに》焼など、高級なブランド和食器類が並べられていますが、これは智代さんが買い求めたわけではなく、３年前に亡くなった彼女の夫がそろえたものです。

智代さんのご主人は和食器通で、食器を買うときはわざわざ窯元《かまもと》まで出向くほどの凝《こ》り性でした。そして買った食器はきれいに飾りつけ、それを眺《なが》めては悦《えつ》に入っていたそうです。

ご主人が生前、わが子のように大切にしていたものなので、智代さんもまた、それらの食器を柔らかな布で拭《ふ》いたりして、ていねいに飾っておきました。しかしあるとき地震があり、ひとつの湯のみ茶碗が食器棚のなかで転がって端が欠けてしまったのです。

欠けた茶碗を飾っておくわけにもいかず、かといって捨てるのも忍びないので、自分がお茶を飲むときに使うようにしました。すると、どうでしょう、智代さんは今までに味わったことのない優雅な気持ちになったそうです。

それまでは和食器の魅力がなかなか理解できず、「道楽なんてそんなものだ」と思っていたのですが、改めて和食器のよさを体感したのです。そこで、ほかの食器も使ってみることにしました。

元気な頃のご主人は智代さん相手に、

「この茶碗を見てみろ。これは青備前《あおびぜん》といってな、めったに出ない貴重な焼色なんだぞ」

「有田焼の命は、雪のように真っ白な素地なんだ。だからこそ鮮やかな絵付けが映えるんだぞ」

などのように講釈を垂《た》れるのが一番の楽しみでしたが、智代さんにはそんな知識はありません。

でも、食器を使ってお茶や食事を美味《おい》しくいただくことはできます。

ご主人が他界してひとり暮らしになってからというもの、智代さんは明日への不安から、がんばって倹約倹約の毎日を送り、以前よりずっと気持ちが小さくなっていました。しかし、高級な茶器を自分のために使うことで、ふっと明るさを取り戻せたのです。そして今では、茶碗に見合うようにと、茶葉を高級な玉露《ぎょくろ》に替えたそうです。

シニアとして慎《つつ》ましい生活を送ることも大切でしょう。しかし、自分のためにぜいたくをすることも、時には大切。日々の楽しみは生きる糧《かて》になるのですから。

近所の店だから得られる心のぬくもり

「こまごました食料品はスーパーでもいいんだけれど、野菜だけは近所の八百屋さんで買うようにしているの」

「刺身だけは、２丁目の○○屋で買うことに決めているんだ」

あなたには、こんなふうに近所でひいきにしている店がありますか。もし、何でもかんでも大型スーパーやデパートですませてしまっているなら、大変もったいないことをしているかもしれません。

「だって、大型スーパーで買ったほうが安いでしょ」

「品ぞろえだって、大型店のほうが断然いいんだから」

こう反論されるかもしれませんが、そんな人は、近所の小売店にあって、大型スーパーにないものを考えてみてください。いくつかの答えがあげられると思いますが、そのなかで、最も重要なものは何でしょうか。

それは「お店の人とのコミュニケーション」ではないでしょうか。そのことを強く感じた、浜崎さんの体験談を紹介しましょう。

浜崎さんはひとり暮らし歴が長いので、自分なりに「ひとりでいること」に慣れっこになったつもりでした。しかし、定年退職を迎えて自分の時間がさらに増えると、さすがに「何となく人恋しいな」と思うことが増えたそうです。

仕事をしていた頃は、理髪店に行った翌日に、

「浜崎さん、散髪したんですか？　すっきりしましたね」

などと声をかけてくれる人もいましたし、朝、眠そうな顔をしていれば、

「また夜更《よふ》かししたんですか？　濃い目のお茶を入れてきますね」

こんなふうに気遣《きづか》ってくれる女性もいたのです。

しかし、いざ退職してしまうと、職場ほど頻繁《ひんぱん》に顔を合わせる人はいません。もちろん、趣味の友だちはたくさんいますが、しょっちゅう会うわけではないし、女

性のようにこまめに電話をかける習慣も浜崎さんにはありません。

そのため、心のなかにぼんやりとした寂《さび》しさを抱えながら、毎日をすごすようになりました。

そんな浜崎さんの心に、陽だまりのようなぬくもりを感じさせてくれたのが、ひいきの店の存在でした。

気にかけてもらえるのはうれしい

浜崎さんは大の焼酎《しょうちゅう》好き。好きな本を読みながらちびりちびりとやるのが、彼の日課でした。

といっても、飲むのはせいぜいコップに2、3杯。そこで、買い求める焼酎は少し値が張りましたが、必ずお気に入りの銘柄《めいがら》にしていたのです。

お気に入りの焼酎は、最寄りの大型スーパーにも近所のコンビニにもなかったので、買うときは隣町の酒屋さんまで足を運んでいました。

店の主人は無口で、話す言葉は、「いらっしゃいませ」「○○○円です」「ありがとうございました」と必要最小限です。愛想《あいそ》笑いをするわけでもなく、お世辞《せじ》など言ってくれるはずがありません。

ですから、1か月に1回は買い物をしても、浜崎さんにはこの店が「ひいきの店」という意識はありませんでした。

しかしある日のこと、浜崎さんが焼酎を買いに行くと、珍しく店主が、

「お客さん、具合でも悪かったんですか?」

ぼそっと声をかけてきたのです。

「え? いや、とくに変わりはありませんでしたけれど……。どうしてですか?」

「いや、いつもより間がありましたから。入院でもなさったのかなと女房と話していたんですよ」

そう言うではありませんか。

とくに体調に変化もなく、晩酌の量も減っていない、ましてや入院などした覚えのない浜崎さんは、店主の話の意味がわかりませんでした。しかし、少し考え

て、すぐに合点がいきました。

先月、鹿児島旅行に行ってきた友人が、浜崎さんお気に入りの銘柄の焼酎をお土産に買ってきてくれました。それを飲んでいたので、店に来る間がいつもより開いてしまったのです。

そのとき、浜崎さんは心のなかにポッと明かりがともったようなぬくもりを感じました。値が張るといっても、たかが３０００円弱の焼酎を月に１本買うだけのお客です。顔を覚えてくれるのがせいぜいと思っていたのに、買い物の間があいただけで心配してくれた、それも店主だけでなく、奥さんまでが気にかけてくれていたということに、胸が詰まるような思いを感じたのでした。

多くの人に囲まれて生活をしているときは「人に気にかけてもらう」ことなど、あまり意識しないかもしれませんが、シニアの暮らしではこういったことがとても大切です。

もし近所に小売店があり、その店でも用が足りるのなら、足を運んでみませんか。ひいきの店が多いほど、心の通うコミュニケーションも増えるはずです。

朝ごはんは自分で作らなくてもOK

人間のエネルギー源と言えば、食べ物です。食べ物がなければ生きていくことができません。また、食べ物の選び方が悪ければ病気になることもあります。生活習慣病はその代表的なものですね。とはいっても、食べることは「喜び」「楽しみ」という要素が強いため、「自分の好きなものばかりを食べてしまう」「必要以上に食べすぎてしまう」という傾向があります。

つまり「きちんとした食生活を送らなくてはいけないと頭ではわかっていても、それを実践するのは難しい」ということです。それでも、家族のように何人もで食事をするなら、それぞれ食べるものの好みもあるので、必然的にさまざまな料理の食卓になります。また、お互いの目があり、それが食べすぎを抑制する力になります。

しかし、ひとり暮らしの場合は、自分の好みの料理が並び、何時に食べるのか、どれだけ食べるのかも本人の気持ちひとつで決まってしまいます。とくに男性の夕飯は注意が必要です。「枝豆とビール」「冷奴《ひややっこ》と日本酒」「焼き鳥と焼酎」のように、およそ夕飯とは呼べないようなものを口にして、酒の勢いで寝てしまう人も多いようです。こんな食生活では、健康な体を維持することは難しいでしょう。

ひとり暮らし歴2年目の長山さんは、最近ぐっと若返ったと仲間うちで評判になっています。そんな若返りの秘密を仲間のひとりが尋《たず》ねてみると、

「そりゃあ、朝ご飯がいいからに決まってるよ」

どんな豪華なものを食べているのでしょうか。そこでメニューを尋ねると、

「トーストと目玉焼きとか、塩鮭《しおざけ》と味噌汁なんかだけど」

と、ごくごく普通の答えです。

さて、このメニューのどこに若返りの秘密が隠されているのでしょうか。それは食べている内容ではなく、場所に関係がありました。じつは長山さんは半年ほど前から、ファミリーレストランで朝食を食べることを日課にしていたのです。

それまでの長山さんは、寝起きが悪く、朝食はコーヒーや日本茶だけですませていました。そのせいか、体をゆっくり休めているにもかかわらず、午前中のは

っきりしない気分はなかなか改善されません。

そこで、長山さんは、かかりつけの医師に相談してみました。すると、「朝ごはんは、しっかりと食べてください。そうしないと、脳に栄養がいかないから、いつまでたってもぼんやりしたままなんです。それに朝食抜きを続けていると、生活習慣病にもなりやすいんですよ」

そう言われたのです。さすがに医師にここまで言われたら、朝食をとらないわけにはいきません。しかし、朝はやっぱり朝食を作る気にはなれないのです。

そこで、しかたなく自宅から歩いて15分ほどの場所にある、24時間営業のファミリーレストランに足を運んでみました。

ファミリーレストランを賢く利用する

それまでファミリーレストランに足を踏み入れたことのなかった長山さんは、ファミレスは「若い家族連れや学生たちが行くところ」と思っていました。そのため、

「ひとりで行くと、変に思われないだろうか」

「自分が食べられるようなメニューがあるだろうか」

「年配の自分が店の雰囲気になじめるだろうか」

など、さまざまな不安を抱えていたのです。

しかし、店に入ったとたん、そんな不安はすぐになくなりました。

なぜなら、店内には幅広い年代の人がいて、それもひとりで食事している人がたくさんいたからです。心配していた朝のメニューも充実しており、パン＋卵料理のほかにも、具だくさんのサラダセット、焼き魚と味噌汁と納豆がついた和風の朝食セットなども用意されていました。

そして何よりうれしかったのは、スタッフの「いらっしゃいませ、おはようございます！」という元気いっぱいの挨拶《あいさつ》。ひとりで暮らしていると、外に出る以外は「おはようございます」を言う相手がいませんから、とても新鮮だったのです。

また、自宅からレストランまで歩いたせいなのか、頭も体もすっきりと目覚め、メニューを見る頃にはお腹《なか》の虫がグーグーと鳴り出すほど。久しぶりに「ああ、うまい」と思って朝食を食べることができました。

最近の長山さんはファミレスのほかにも、牛丼のチェーン店、スタンドコーヒー店、近所の喫茶店など、モーニングを提供している店を次々に開拓して、楽しみの幅がグーンと広がったそうです。

昼食や夕食を外食にすれば、そこそこの出費を覚悟しなくてはなりませんが、モーニングセットはサービスメニューとして出している店が多いので、割安感があります。これも、「がんばらない老後」の生活の知恵ですね。

宅配の弁当も優雅に楽しむ

最近は、「シニア向けの宅配弁当」の種類も多くなり、とくに持病のある人向けのものもあります。

ただ、健康のためにいいとはわかっていても、お弁当や、パック入りの総菜を買ってくると、なんとなくわびしい気がするという人もいます。それは、届けられた状態や買ってきたものをただ食卓に並べているからかもしれません。

おもしろい話があります。前に、芝居を見に行ったとき、幕間《まくあい》に、隣の高齢の女性がきれいな弁当箱を出して食事をはじめたのです。見ると、肉、魚、緑黄色野菜など、すばらしい料理が並んでいるのです。

思わず、「美味《おい》しそうなお弁当ですが、みんなご自分で作られたんですか？」と聞くと、その女性は、「いえいえ、お弁当屋さんで『このお弁当箱に詰めてください』と頼んだんですよ」と言うではありませんか。

パックに入っていたら味気なく見える「おかず」も、移し替えただけで、手の込んだ「料理」に見えていたわけですね。

もちろん、食中毒などの関係で、すべてのお弁当屋さんでやってくれるわけではないでしょう。でも、買ってきた総菜を家で食べるときも、こうした手間をかけるだけで、かっこいい食事になります。

このように、料理を移し替えると、別のメリットもあります。食事をゆっくり味わえるようになるということです。

プラスチックのパックに入ったものを食べていると、「手早くすませようか」という気持ちになるでしょう。忙しかった頃にはそうしなければならなかったかもしれませんが、時間に余裕ができた今は、そんなふうに食事をかき込むことはありません。

それに、早食いをすると肥満のリスクが2倍も高くなるのです。食事をはじめてから15～20分しないと血糖値が上がりはじめないために起きることで、15分以上かけないと食べすぎてしまうというわけです。

ちなみに、肥満女性のグループにゆっくり食べるように指導したら、20週で平均4・6キロの減量に成功したそうです。

ゆっくり食べることは、気分だけではなく健康にもいいのです。「作るのが面倒」と思ったら、こんな食事を楽しむのもいいでしょう。

第2章

がんばらない楽チン生活

なぜ趣味が多いほうがいいのか

若くて体力に満ちあふれている頃は、いろいろな趣味に手を出すと、
「何かひとつに絞らないと、どれも中途半端に終わるよ」
などと注意を受けたものです。

たしかに、「これもやりたい、あれもやりたい」というタイプの人は、極めた趣味や特技がなく、「私は○○なら誰にも負けない」と胸を張れるものを得ることができません。しかし、シニアに限っては「がんばって何かを極める」より、「あっちも好き、こっちも楽しい」と思える趣味を、たくさん持ったほうがいいのです。

たとえば海外旅行が趣味の人がいたとしましょう。現役時代と違い、シニアには時間がたっぷりありますから、お決まりの観光コースだけではなく、じっくりとあちこちを見て回れますね。まさにシニアにぴったりの趣味と言えるでしょう。

しかし、年を重ねれば長旅はこたえますし、風土や気圧、時差などに対する適

応力は低下しがちです。

また、マラソンやテニス、サッカーなど体を激しく動かすのが趣味の人も、若い頃と同じ体力を維持するのは困難です。

もし、旅行なりスポーツなり、ひとつの趣味、ひとつの楽しみ方しか知らなかったら、それができなくなったときの喪失感は大きいでしょう。しかし、多くの楽しみを知っている人は「こっちがダメなら今度はそっち、そっちもダメなら今度はあっち」という具合に、がんばらずに上手に乗り換えることができます。それが「多くの趣味を持ったほうがいい」という理由です。

さらに、趣味の種類は、「ひとりでできるもの」と「多数でやるもの」を持っていると楽しいでしょう。元気なときは多くの人と交わる趣味を楽しみ、それができなくなってもひとりでできる趣味を持っている人は、生きていくことに柔軟で強いと言えます。

シニアの趣味のキーワードは「極める」より「楽しむ」くらいがちょうどいいのです。

上手にできるかは問題ではない

ある団体が、定年までに働いた時間数と、定年後に手に入れることのできる自由時間数を試算してみたところ、ほぼ同じになったそうです。自分の過去を振り返り、働いてきた時間の長さを考えると、何もすることがなかったらやり切れないのがわかりますね。

趣味というのは、時として生きがいにもなります。退屈なシニアにならないためにも、ぜひ趣味は持っていたいものです。

趣味を持たないままでシニアライフに突入した場合、「今さら趣味を持てと言われても、何をしたらいいかわからない」と困惑する人もいるでしょう。ましてや、生きがいとなるような趣味と言えば、ある程度の年齢からはじめていなければ難しいような気もしますし、自分自身がそこまで入れ込めるか自信がないという人もいると思います。しかし、趣味を持つことは、その道を極めるのとは異なりますから、そんなに難しいことではないのです。なぜなら、その趣味が、上手にできるかどうかが問題ではなく、自分自身が楽しいかどうかが大事だからです。

ミニ盆栽はそこそこの手間で楽しむ

盆栽というのは、年配の男性やお金持ちの趣味といったイメージが強いようですが、最近は、女性や若い人の間でも流行しているのをご存じですか。

盆栽といっても、彼らの主流はミニ盆栽です。

普通の盆栽は男性が両手で抱えるくらいの大きさがありますが、ミニ盆栽は、小さいものは赤ちゃんの手に乗る程度、大きいものでも女性の片手に乗るくらいです。小さくても、ふつうの盆栽と同じように、四季の風情《ふぜい》やわびさびの心を感じさせてくれますし、省スペースで多くの種類を育てられることもあって、人気が高くなっています。

康子さんもそんな盆栽ファンのひとりです。3年前、彼女は長年連れ添った夫に先立たれました。息子夫婦は「うちに引っ越してくればいい」と同居を申し出ましたが、夫と住んだ家を守りたいからと、マンションでひとり暮らしをするようになったのです。

亡くなったご主人は大変な亭主関白で、彼女が買い物以外で外に出ることを嫌ったため、彼女はこれといった友だちもおらず、趣味も持っていませんでした。それでも夫が生きているときは一日中、家の用事や夫の世話で忙しかったのです。

夫が亡くなってしばらくの間は、こまごまとした後始末に忙しくしていましたが、納骨もすんで一段落した頃、康子さんはガクッときてしまいました。夫のいない家では、することが見つからないのです。

心配した姉妹たちは、何とか彼女を外に連れ出そうとしましたが、もともと内向的な性格で、人と会ったり話したりが苦手なため、なかなか外に出たがりません。また、ペットを飼うこともすすめたのですが、マンション暮らしではそれもままならず、一気に老け込んでしまったようです。

そんなとき、従姉妹《いとこ》のひとりが、手土産《てみやげ》に自分の作ったミニ盆栽を持ってきました。それを見た康子さんは、すっかり気に入ってしまいました。いわゆるひと目惚《ぼ》れです。

すでに話したように、ミニ盆栽は特別なものではなく、ごく普通の盆栽のサイズが小さくなっただけです。クロマツ、アカマツ、ヒノキ、ケヤキ、ブナ、ウメ、サツキ、サルスベリ、カリン、ザクロなどさまざまで、その種類は３００以上あるとされています。

しかし、小さい鉢植えといっても、観葉植物のように室内で育てるわけにはいきません。日光が必要です。だからといって、西陽《にしび》が当たりっぱなしになるような場所は不向きですし、種類によっては日光の当て方や時間も変えなくてはなりません。風通しの悪い場所に置けば虫が出ることもあるし、植え替えの時期にも気を配らなくてはなりません。小さくても、けっこう手がかかるのです。

でも、康子さんは、この「手間がかかる」という部分をそこそこに、「できる範囲でやればいい」として楽しんでいます。最初はひとつの鉢を大切に育てていましたが、そのうち別の種類にも興味が出て、今ではベランダに棚を作って、盆栽を並べています。

さらに最近では「もっと盆栽について学びたい」と、ミニ盆栽の講習会などにも積極的に足を運ぶようになり、以前よりも生き生きとした毎日をすごしているそうです。

楽しいおしゃべり会で気をつけること

親しい友だちとのおしゃべりほど楽しいことはありませんね。「よくもまあ、次から次へとしゃべることがあるものだ」と思うほどですが、人間、生きているだけでいろいろなことを体験するし、また日々感じることもあるのです。ましてシニアは長い長い人生を歩んでいるので、話のネタは無限です。

話すことは脳の活性化にも役立ちますので、大いにおしゃべりを楽しむといいでしょう。しかし、ある点に気をつけないと、楽しみどころか、大きなストレスを生んでしまうことがあります。

明るい性格で人づき合いが大好きな和江さんは、近所の友だち数人を自宅に招き、お茶を飲みながらすごす時間が何よりの楽しみでした。

友だちは和江さんに場所を提供してもらっているのだからと気を遣《つか》い、必ずお茶やお菓子を持参してくれます。ですから和江さんは茶菓子類の心配はしたことがないし、使った食器類もみんなが洗って片づけてくれるので、友人が帰ったあとに大掃除などという心配もありませんでした。

ところが、お茶会の回数が重なるたびに、あることにストレスを感じるようになったのです。それは、「お茶会がなかなか解散にならないこと」でした。

和江さんは少し前から俳句の会に入り、ひとりの時間は季節を感じさせる風景の写真集を見たり、季語を集めた本などを読んで、少しでも味わい深い句を詠《よ》みたいと努力していました。しかしお茶会が延々と続くと、みんなが帰ってからあわてて夕飯の支度をし、食べて、片づけなければなりません。風呂に入っているうちに夜が更《ふ》けて、俳句の構想を練る時間がなくなってしまうのです。

でも、話が盛りあがっているのに「はいはい、お開きですよ」とするわけにもいきませんし、「これから出かけるから」という嘘《うそ》も連続しては使えません。そんなことを考えているうちに、和江さんはあれほど大好きだったお茶会自体が苦痛になり、とても楽しめる状態ではなくなったのです。

時間を区切ると、負担が軽くなる

そんなあるとき、和江さんは娘の家を訪れました。娘には小学校3年生になる男の子がいて、和江さんが訪ねたときにはたくさんの友だちが遊びに来ていて、大騒ぎしながらゲームをしていました。

ところが、午後5時の鐘が鳴ったとたん、孫は、

「みんな、5時になったから今日はおしまい。自分の出したものは片づけてよね」

と言い出したのです。すると、何人かの子が、

「ぼくは6時までに帰ればいいから、まだ遊んでる」

「まだ明るいから、もうちょっと遊んでいいでしょ」

と言いました。和江さんは、孫がいったいどんな返答をするか興味津々《きょうみしんしん》で耳をそばだてていると、

「ダメだよ。最初から5時までって約束だったでしょ。だから今日はおしまい」

と、かなりキッパリ言い放ったのです。和江さんは孫が友だちに何か言い返されるのではないかと心配していたのですが、その子たちは、

「そっか、5時って約束だったもんな」

「じゃあ、急いで片づけようっと」

あっさり孫の主張を受け止めたではないですか。和江さんは改めて、「あらかじめ約束しておくことの効果」にびっくりしました。

そこで翌日、友だちが集まったときに、

「今日は5時でお開きにしてもいいかしら。お夕飯を早めに食べて、やりたいことがあるから」

こう申し出てみました。すると、みなあっさりと、

「そうよね。おしゃべりしてたらきりがないですもの。きりをつけてくれたほうが助かるわ」

と言ってくれました。和江さんががんばりすぎて抱えていたストレスは解消したのです。

また、友だちからの提案で、何回かに一回のお茶会会場を、近くのファミリーレストランにしたり、公民館のフリースペースに移すなどしています。

さらに負担が軽くなったことによって、おしゃべり会に生きがいを感じるようになったそうです。

頼りになる未亡人同士のおつき合い

「ねえ、みんなの初恋の人って誰だった？」

「私は中学校のときの担任の先生よ。背がスラッと高くてかっこよかったわ」

「今だから言えるけど、私は姉の恋人が初恋の人なの」

「ええっ、そのことお姉さん知ってたの？」

「やだ、そんなこと言えるわけないじゃない」

「そうよねえ～。バレたら修羅場よね」

ビール片手に3人の女性がワイワイガヤガヤ。「女3人寄ればかしましい」といいますが、まさにその言葉がぴったりです。ちょっとしたことでもコロコロとよく笑う彼女たちは、箸《はし》が転げてもおかしい年頃なんてとうに越えています。そして、全員が夫に先立たれた未亡人なのです。

長年連れ添った妻を亡くした男性は、よほどしっかりした人でない限り精神的ダメージが大きく、立ち直るまでにかなりの時間を要します。また、立ち直れずに、生き方がどんどん先細りになってしまう人も少なくありません。

その反対に、長年連れ添った夫を亡くした女性は、最初のうちこそ落ち込んでいますが、気持ちの立ち直りが意外に早いのです。いや、立ち直るどころか、夫の生前よりもっと元気になる女性のほうが多いかもしれません。つまり、女性のほうがたくましい精神を持っているのでしょう。

女性のひとり暮らしで最も大切にしたいのは女友だちです。それも同じ未亡人同士のほうが気持ちがわかり合えますし、困ったときに何より頼りになるのです。「遠くの親類より近くの他人」ならぬ「遠くの子どもより近くの未亡人仲間」というわけです。

結婚歴のある女性の多くは、長い時間、夫や子どものために尽くしてきました。自分のことより家族のことを優先して考える生活を、長期にわたって送ってきたのです。

だからこそ、夫を見送り、子どもが巣立ってひとりになった女性は、大いに人生を謳歌《おうか》する権利があるのです。結婚時代にはなかなかできなかった「友だちの家にお泊まり」「自分の家に友だちを招いておしゃべり会」「友だち同士で旅行」などなど、あらゆることをやってもバチは当たりません。

「でも、そんなにうまく未亡人の友だちができるかしら?」

と思ったあなた、心配は無用です。なぜなら、女性のほうが平均寿命が長いので、年齢を重ねれば重ねるほど女性の数が多くなるのですから。

「人恋しいコール」は節度を持って

老後は、無性に人恋しくなることがあります。人恋しさは決して特別なことではなく、誰でも当たり前に持っている感情ですから、そんなときは誰かに電話をしてみるのがいいかもしれません。意地を張って、

「ここで甘えてはいけない」

などとがんばると、気ままに楽しく生きられるはずの老後が、惨《みじ》めで寂《さび》しいものになってしまいます。

ほんのちょっとだけでも言葉を交わすと、ふっと心が軽くなるものなのです。

ただし、電話をするときに気をつけなくてはいけないポイントがいくつかあります。それは、

「必ず相手の都合を聞いてから話しはじめること」

「長電話になりすぎないこと」

「あまり頻繁《ひんぱん》にかけすぎないこと」

この3点です。

電話をかけるときには一般的に「今、忙しい？」とか「今、話しても大丈夫？」などと相手の都合を聞きますが、すぐに外出の予定があるとか、来客中でもなければ、ほとんどの人は「大丈夫」と答えるでしょう。しかし、本当は見たいテレビがあるかもしれないし、散歩でもしようかなと思っているかもしれません。

ですから、

「とくに急ぎの用事はなかったんだけど」

「元気にしてるかな？　と思ってかけただけなんだ」

などのひと言が添えられると、相手は助かります。こう言われれば、

「もうちょっとしたら散歩に行こうと思ってたんだけど、少しなら大丈夫」

「○時から用事があるが、それまでなら歓迎するよ」

このように、相手を傷つけずに「手短に頼むよ」という気持ちを伝えられるからです。

時折、旧友などに片っ端から電話をかける「電話魔」がいます。自分のもてあました時間をなんとか埋《う》めようとして必死なのかもしれませんが、電話は相手の自由を拘束《こうそく》する道具でもあるのです。

使い方に十分注意しないと、「あの人からの電話はとらないことにしてるんだ」などと言われるようになってしまいます。

愚痴《ぐち》をこぼせる相手を作っておく

辞書で「愚痴《ぐち》」という言葉の意味を調べてみると、「言ってもしかたのないことを言って嘆くこと」（『広辞苑』）と書かれています。これだけを見ると「愚痴」は無意味で、情けないことのように感じられますが、じつは、「愚痴」をこぼすのは、精神の健康を保つためにはとても大切なことなのです。

とくに、「寂しい」という感情は、ひとりで抱えているとどんどん大きくなって、ひどく惨めな気持ちになりがちです。シニアなら、ひとりかふたり、「愚痴をこぼせる友だち」を持っているのがいいでしょう。

里子さんは結婚経験のないシングルシニアで、ひとりでいることには慣れっこです。しかし、嫌《いや》なことがあった日や、うっとうしい天候の日などは、「結婚はしなくても、子どもだけでも産んでおけばよかったかな……」などと思ってしまうことがあります。

それでも、「子どもを産まなかったのは私が決めたことなのだから、今さら愚痴を言ってもはじまらないわ」と考え、寂しい気持ちをぐっと抑えて胸に封じ込めていました。

ところが、同じく非婚型シングルの真理子さんは、

「こんなこと、あなたに言ってもしかたないけど、私、どうしようもなく寂しいの」

と、愚痴の電話をかけてきます。そして、ひとしきり愚痴をこぼすと、

「話したら、なんかすっきりしちゃったわ。それでね……」

まるで、今までの愚痴が嘘のようにまったく違う話題を楽しそうに話し出すのです。ところが愚痴を聞かされた里子さん自身も、何となく明るい気持ちになっ

ていることに気づき、それからは真理子さんにだけは「寂しいコール」をするようになりました。

不思議なことに、「寂しい」と口に出して言ってみると、気持ちが楽になります。さらに、「そうよね。ひとりって寂しいわよね」などと相槌《あいづち》を打ってもらえば、ますます気持ちが軽くなるのです。

そして最後には、「でも、こうやって愚痴をこぼし合う相手がいるだけ、私たち幸せよね」というところに着地し、上手に気分転換ができるのです。

ウェットな気持ちをがんばって胸に閉じ込めておくと、いつの間にか湿っぽい性格になってしまいます。

「言ったところで何の解決にもならないこと」は、言わずにおいたからといって、何も解決しません。せめて愚痴にして笑い飛ばしてしまいましょう。

ただし、誰彼なく愚痴をこぼすのはおすすめできません。それでは相手も辟易《へきえき》してしまいます。お互いに愚痴を言い合える気心の知れた友人を作っておくことが前提になります。

ひとり暮らしシニアはモテる

男性にせよ女性にせよ、ひとりで暮らしている人に対しては、

「何かしてあげたい」

「援助できることがあったら、言ってほしい」

といった感情が生まれるのが人間の情というもの。これは、若年層だろうがシニアだろうが共通しているようです。

ひとり暮らしの時子さんが、絵手紙サークルに入ったときのことです。

最初のうちはそれほど話をしなかった会員の男性たちが、時子さんが「私はひとり暮らしだから……」と言ったあたりから、急に親切にしてくれるようになりました。

作品作りに熱が入り、外が暗くなってから帰宅するときには、

「暗い夜道をひとりで帰って、家についても暗かったら寂しいだろうから」

と、自宅前まで送ってくれたり、大きな荷物を持っているときなどは、「いつもひとりでがんばっているんだから、ここでは甘えてもらっていいんだよ」と荷物を持ってくれたり、ひどく親切にしてくれるのです。

年齢を重ねても、女性は女性。男性に優しくされて悪い気分はしないですね。同じ年頃で連れ合いのいる女性や、子どもや孫と暮らしている女性に対しては、男性からのこんな心配りが見られないため、時子さんは、「ひとり暮らしで得しちゃった」と思うそうです。

ひとり暮らしは自立の象徴ですから、その人をより魅力的に演出してくれるのかもしれませんね。

異性へのときめきは最高のアンチエイジング

年齢を重ねても、男性は女性に、女性は男性にモテたいものです。

「この年になってそんな色ボケなんて……」などと思わないでください。異性に好かれたいという気持ちは人間の本能なのですから、恥ずかしいことでも、浅ましいことでもありません。それどころか、精神の若さを保つ特効薬にもなります。

たとえば、気になる異性と会えるとわかっている日は、服を選ぶ時間も、髪形を整える時間も長くなりますね。もしかすると、新しい服を買いに行くかもしれませんし、普段はつけないオーデコロンに手を伸ばすかもしれません。

シニアになると、どうしても自分の身だしなみには甘くなりがちです。外に出ないときは髪に櫛《くし》を入れない人もいるくらいです。

そんな生活を長く続けていると、「この年になって、きれいにしたところでしかたない」などと思いはじめ、しだいにそのまま人前に出ても平気になり、年寄りくささが加速するのです。

しかし、「気になる人がいる」「その相手に自分を見てほしい」というときめきは、そうした自堕落《じだらく》な気持ちに歯止めをかけてくれるでしょう。

また、身だしなみ以外でも、

「最近、ちょっと愚痴っぽくなっているから気をつけよう」

「話が途切れないように、話題になっていることを調べておこう」などといった変化も見られます。

人間は年齢を重ねるごとに、「何かをしようという前向きな気持ち」や、「ワクワクと胸が騒ぐ気持ち」が少なくなってしまいます。もしかすると、こういったことが一番の「老い」なのかもしれません。

「恋をすると、きれいになる」などと言われますが、これは何も若い女性に限ったことではありません。老若男女を問わず、恋は人を輝かせてくれるものなのです。

本当の意味でのアンチエイジングは精神的な輝きを失わないこと。シニアになっても「人を好きになる心」は決して否定しないでください。

必要以上に若さを強調しないこと

前項で「本当の意味でのアンチエイジングは精神的な輝きを失わないこと」と話しましたが、このアンチエイジングを「見た目」で過度に強調するのはいかがなものでしょうか。

「アンチエイジング」という言葉が市民権を得たのはいつ頃からでしょうか。2006年の新語・流行語大賞でノミネートされたあたりから徐々に広まっていき、その後、雑誌などで特集されるようになって、さらに世の中に浸透していったように思われます。

「アンチエイジング」を和訳すると、「年をとることへの反抗」「抗老化」などになりますね。

「まだまだ若い者には負けてたまるか！」

「私は寄る年波になんか負けないわよ！」

といった意気さかんなところを感じ取ることもできるのですが、逆に考えると、年を重ねることを否定し、若さにしがみついているようにも感じられます。

もちろん「もう年なんだから……」とすべてのことに対して後ろ向きで、やる気を失ってしまうのはいけませんが、必要以上に張り切るのも考えものです。

たとえば街を歩いていると、びっくりするような若作りのファッションを身にまとっているシニアと出会うことがありますね。そんなとき、「いつまでも若々しくて素敵だな」と思う人より、「若者ぶっても、しょせん年には勝てないな」と思う人のほうが多いでしょう。

本人は若さを強調することで「老い」を封じ込めようとしているのかもしれませんが、かえって「老い」のほうが前面に出てきてしまうこともあるのです。メイクにしても同じです。若い女性と同じようなメイクをしても、かえって年齢を感じさせてしまいます。

はるか昔から、多くの王や権力者が「不老不死」に憧《あこが》れてきました。しかし、どんなに莫大《ばくだい》な財をなげうっても、想像を絶するような労力をもってしても、加齢を完全に止めることはできませんでした。生きているということは、年をとるということなのです。

周囲から若々しいと言われる人ほど、若さに執着しません。

年をとることをあるがままに受け入れ、自然体でいることこそが、真の若々しさなのかもしれませんね。

モテるのはルックスより人柄

モテる人の条件にはどんなものがあるでしょうか。高収入、将来性、ルックスがいい、相手を楽しませる術《すべ》を知っているなど、さまざまなパターンがあります。でも、シニアはちょっと違います。シニアになれば将来性もルックスも関係ありませんから、一緒にいて楽しい人、つまり「いい人」がモテるのです。

よく若い女性が、「彼ってたしかにいい人なのよ。でも……」などと話すことがありますね。若い男性は「いい人」だけではモテないのです。しかし、シニアになれば「いい人」以外の付加価値は必要とされません。ヨボヨボでも、シワシワでも、いい人ならOKです。

若い頃は「あなたっていい人だけど……」と軽んじられていた男性が、やっとその魅力を認められ、日の目を見るときが来たということ。そう考えると、年齢を重ねることが素敵に思えてきますね。

「もっと異性に好かれたい」と思っているシニアは、ぜひ自分の人柄を磨く努力を惜しまないでください。

「人柄を磨く」などと言うと、「生まれながらの性格がそう簡単に変えられるものか、三つ子の魂百までも、っていうだろ」などと笑われてしまいそうですが、そんなに難しく考えることはありません。ちょっとした努力で大きな変化を生むことができるのですから。

「聞き上手」になると愛される

あるテレビ番組で、ホストクラブの特集をやっているのを見たことがあります。ナンバーワンホストがインタビューに答えていたのですが、その後ろにはほかのホストも映っていました。見比べてみると、ナンバーワン男性よりもずっと美男子がゴロゴロいます。

しかし、彼がダントツのナンバーワンであり続ける秘密は、「とにかく聞き上手」らしいのです。

そのホストクラブの客層は、彼らと同じサービス業の女性が多いようでした。彼女たちは、お客の愚痴などを彼に話すそうです。

そのとき、彼は、何をどうするべきか、何がいけないかなど、立ち入った話や具体的なアドバイスをすることはなく、

「そうなんだ……、それはつらいよね」

「へえ、そんなことがあったんだ」

「何もできないけど、僕でよかったらいくらでも聞くからね」

こんなふうに、ただただ聞き役に徹しています。彼女たちも、愚痴をこぼしたところで何かが変わるとか、改善されるなどとは思っていません。聞いてもらえることと自体が最高の癒《いや》しになるのでしょう。

相手の話を聞くという行為は、相手を信頼し、受け入れることにつながります。

だからこそ、聞いてもらった人は「自分自身を認めてもらえた」という満足感を得ることができ、そんな気持ちにしてくれた相手を「いい人」と思うようにな

ります。

男女を問わず、「聞き上手」は愛されます。その証拠に、ホステスさんでも人気が高いのは聞き上手な女性ですし、信頼を置かれる上司は、部下の言い分をちゃんと聞いてくれる人でしょう。また、生徒に信頼の厚い先生も、子どもたちの話に真剣に耳を傾ける人です。

人の心をつかむような話術を修得するのは大変難しいことですが、「相手の話を聞く」ことなら誰にでもできるはずです。そして、「相手の話を聞く」ことだけで、いい人のバロメーターはアップするのですから、試してみる価値はありそうですね。

あてのない旅はシニアのぜいたく

ドラマ『裸の大将』のモデルとして知られる山下清氏は、多くの日本人に愛されている画家のひとりでしょう。それは、繊細《せんさい》でぬくもりのある彼の作品が、日本人の心の琴線《きんせん》に触れるという理由もありますが、彼が日本中を放浪していたことに憧れを感じる人が多いからかもしれませんね。

行き先も時間も決めない「あてのない旅」は、どんな豪華旅行にも負けないほどロマンにあふれ、誰もが一度は憧れます。

ただし、「お金があっても時間がない」「時間があってもお金がない」というのが普通ですから、いつの間にか夢のまた夢になってしまうのです。

しかし、シニアなら、「あてのない旅」は決してできないものではありません。何しろ時間はたっぷりあるのですから、豪華な旅さえ期待しなければ、それほど蓄《たくわ》えがなくても、ぶらりと旅に出ることは可能でしょう。

ひとり旅にはいろいろな不安もつきまといますが、一度その味を覚えると、やめられなくなるとも聞きます。それは、自分のペースで旅を進めることで、旅の楽しさを見つけられるからかもしれません。

「旅は私にとって、精神の若返りの泉だ」

そう語ったのは、『みにくいアヒルの子』や『人魚姫』『マッチ売りの少女』などの童話で有名なデンマークの作家ハンス・アンデルセンです。

旅という非日常に身を置くことは、楽しみや喜びを感じると同時に精神の鍛錬にもなります。気持ちの瑞々《みずみず》しさを取り戻す旅なんて、考えただけでもワクワクしますね。

ありがたく利用したいシニア割引

60歳の誕生日を迎えた日、映画鑑賞が趣味の妙子さんは言いました。

「やった、今日からシニア料金で映画が見られるわ！」

映画館によって料金や対象年齢は異なりますが、ほとんどの映画館ではシニア料金が設定されていて、格段に安く映画を見ることができます。

そのほかにも、公共の施設の多くでシニア料金が設けられています。博物館や美術館にも、シニア料金があります。

さらに最近では飲食店、ホテル、理髪店、レジャー施設など、幅広い業種でシニア料金を導入しています。インターネットで「シニア料金」と入力すると、ものすごい数のサイトにジャンプできます。

これは、いかにシニアたちが上客であるか、来店を待たれているかの証明ではないでしょうか。

若い頃は誕生日が来るのを指折り数えていたのに、シニア世代になると、

「私には誕生日がないから、年をとらないの」

「僕は永遠の20歳だから、誕生日は関係ないのさ」

などとうそぶく人もいますね。しかし、年をとることをそんなにネガティブに考えないでください。この不景気なご時世に、シニアというだけで値引きをしてくれるなんて、ありがたいことではありませんか。

自分の年齢を認めるのが嫌で、シニア料金を利用しない人がいると聞いたことがあります。

しかし、シニア料金は、「値引きをさせていただきますので、ぜひいらしてください」という、店からの招待状のようなもの。ありがたく利用させてもらおうではありませんか。

好きなだけグータラでいいのか

これまで話してきたように、老後の暮らしには何かと楽しいことが待っていますが、注意しなくてはならない点もあります。

敏腕の営業マンだった吉田さんは、

「定年になったら好きなだけ寝て、好きなだけグータラするぞ。それに飽きたら、趣味を見つけて思い切り没頭するんだ！」

と心に誓い、その日が来るのを楽しみにしていました。なぜなら、現役時代には連日連夜接待で飲み歩き、毎朝重い頭を抱え、だるい体に鞭《むち》打って仕事に出かけていました。仕事に追われる毎日だったので、趣味らしい趣味などなかったからです。

そこで、吉田さんは退職した翌日から予定どおり、心ゆくまでダラダラとグータラ生活を送りました。目覚まし時計は使わずに目が覚めるまでゆっくりと寝て、食事も食べたいときにとり、何の予定にも縛られない、自由そのものの生活です。こんな自由が許されたのも、独身でひとり暮らしをしていたからでしょう。

そして半年がたったとき、「趣味を見つけて思い切り没頭する」という第二の予定を実行することにしました。ところが、どうにもこうにもやる気が起こらないのです。

「明日こそは図書館に行って、趣味の本を読もう」

「デパートやホームセンターに行って、何か打ち込めそうなもののヒントを探してこようかな」

そう思って床につくのですが、翌朝になると、

「まあ、焦《あせ》らなくても時間はいくらでもあるんだ」

「別に今日動く必要はないか……」

と意欲を失い、またゴロゴロしてしまうのです。そして、気がつけばあっという間に、1年が経過。

それまで自他ともに「フットワークの軽さ」を認めていたのに、たった半年ゴ

ロゴロしていただけで、その長所が見事なまでに消えてしまったのでした。このとき吉田さんは、「これが老いなのか」と愕然《がくぜん》としたそうです。

「のんびり」と「ダラダラ」は違います

「老後はのんびりと暮らしたい」。多くの人が、この言葉を口にします。たしかに、家族のため、会社のため、懸命に働く生活をずっと続けてきたのですから、のんびりしたいと考えるのは当然でしょう。

しかし、ここで気をつけるべきなのが、「のんびり」と「ダラダラ」をはき違えてはいけないということなのです。「のんびり」は「のびのびと、ゆったりしているさま」という意味ですが、「ダラダラ」は「決まりなく長々と続くさま。または、物事をのろのろと行う様子」ということです。

吉田さんの暮らしは文字どおり、ダラダラとしたけじめのない生活です。もし誰かと一緒に生活していたのなら、こんなことにならなかったでしょう。退職したての1週間くらいは大目に見てくれても、それ以上続くなら注意されるからです。

定年後の暮らしは、「マイペースで物事を進められる」「他人に干渉されない」というメリットがありますが、これは同時に「自分に甘くなりがち」「注意してくれる人がいない」ということでもあります。ですから、忘れてはならないのが「自戒《じかい》」、つまり自分自身を戒《いまし》める気持ちなのでしょう。

適度な緊張感がなければ、人間はどんどんルーズなほうに流れがちです。そのほうが楽だからです。しかし、楽ばかりしていれば脳も体も怠《なま》け癖《ぐせ》がついてしまい、気がついたときには取り返しがつかなくなっている、ということも珍しくありません。

テレビをダラダラと見続けない

朝起きる→リビングのイスに腰掛ける→テレビをつける。

外出先から帰る→電気をつける→テレビをつける。

お風呂から上がる→テレビをつける→ビールを飲む。

こんな一連の動作に覚えがありませんか。とくにこれといって見たい番組がなくても、「時計代わりにテレビをつける」「つけるのが癖になっている」「ついていないと落ち着かない」という人は決して少なくないようです。

日本人は、世界のなかでもテレビが大好きな国民だと言われています。それもそのはず、テレビからはつねに新しい情報が流れ、視聴者をひきつけるような魅力的な番組が放映されています。またケーブルテレビの普及によって、自分の好みに合った番組を24時間見られるようになっているので、テレビがなければ夜も日も明けない、という人もいるのでしょう。

なかでも、シニアのテレビを見る時間はとても長いようです。何もすることがないと、「とりあえずつけておくか」といった感じでスイッチを入れてしまうからでしょう。

しかし、テレビをダラダラと見続ける生活をしていると、老化が加速するという説があります。なぜなら、テレビを見ている間は動かないわけですし、何も考えなくてもボーッと見ているだけで、それなりに楽しめてしまうからです。

テレビを見ること自体は決して悪くありません。テレビによって学ぶこともたくさんありますし、楽しい番組を見て笑うことは精神衛生上、とてもいいのです。

さらに、テレビでちょっとした旅行気分を味わうこともできるし、また、「私もここに行ってみよう！」という意欲がわくこともあります。

そこで、テレビを見るときは、「この番組だから見る」といった意識を持つようにしましょう。そして、その番組が終わったら、テレビを消すことも大切です。

「この番組を見るんだ」という明確な意識を持って見るのと、「何となく流れている番組を見る」というのでは、脳の働きも大きく変わってきます。

布団はたたむ程度に

不意の来客があったとき、「物が散らかしっぱなしの部屋」と「布団が敷きっぱなしの部屋」では、どちらを見られたほうが恥ずかしいですか？　たいていの人は、布団が敷きっぱなしの状態を見られたくないと思うでしょう。

しかし、布団をたたまなくても生活できるだけのスペースがあると、「どうせ、夜になったらまた敷くのだから」とそのままにしておく人がいます。いわゆる万年床ですね。

たしかに布団は重いし、年齢を重ねれば布団の上げ下ろしは重労働と感じるでしょう。ですから他人の目を気にしない暮らしでは、「まあ、今日ぐらい、たたまなくてもいいか」などと思いがちです。

しかし、この一度の甘えがズルズルと続き、本格的な万年床になっていくのです。そうならないためにも、「目覚めたら布団をたたむ」という約束を自分に課しておきましょう。

こんなことを言うと、「たかが布団一枚で大げさな……。そんなものどっちだって関係ないだろう」と思う人もいるかもしれませんが、万年床のある部屋には、いつまでも寝起きのだるさのようなすっきりしない空気がただよいます。

毎日、押入れに布団を出し入れするのが大変なら、そこまでがんばらず、たたんで重ねておくぐらいはしましょう。

また、ベッドの場合は、布団の上げ下ろしの必要はありませんが、布団から抜け出た気配がただようようなグシャグシャ状態はいただけません。シーツのシワを伸ばし、掛け布団も掛け直すとかして、人に見られても恥ずかしくない状態にしておきましょう。

家事は男だってできます

シニア男性が暮らしで不安に思うことのなかに、「家事」があります。女性の社会進出が活発になりましたが、いまだに「家事は女性の仕事」というイメージは浸透しているようです。

そのため、いざ男性が家のなかのこまごましたことをやらなければならない状況になると、ものすごいストレスや不安を感じるのです。

とくにひとり暮らしの場合は、「何かと不便だから、連れ合いを探すか」とか、

「熟年専門の結婚相談所に足を運んでみるか」などと考える人が出てきます。

家事はやったことがない。やる自信もない。やってくれる女性を見つけたい……。こんな考え方の持ち主は「家事は女性の仕事」という勝手な思い込みを捨てたほうがいいでしょう。男性は家事ができないわけではなく、これまで、やる機会がなかったり、自発的にやらなかっただけなのですから。

「案ずるより産むが易《やす》し」といいます。できっこないと諦《あきら》める前に、まずチャレンジしてみましょう。

実際、世の中には「男だから家事はできない」と思い込んでいる男性がかなりいます。ここで紹介する男性も、そんなひとりでした。

市役所に勤務していた安井さんの奥さんが亡くなったのは、定年退職をする1か月前のことでした。

看病する時間も心の準備をする時間も与えられないほどあっけない別れで、ひとり残された安井さんは呆然《ぼうぜん》とするばかり。娘もいましたが、すでに独立して遠方に住んでいたので、身のまわりのことを自分自身でやることになったのです。

それまで家事のいっさいを奥さんにまかせ、仕事一本やりの人生で、年末の大掃除さえ手伝ったことがありませんでした。掃除機やバケツがどこにあるのかも知らず、最近の洗濯機なども、どうやったら動かせるのかわかりませんでした。

最初のうちは親戚《しんせき》などが代わる代わる訪れ、身のまわりの世話をしてくれていたのですが、だんだんにその間隔も開き、家のなかは雑然としはじめました。

洗濯物がグシャグシャのまま部屋に乾《かわ》かしてあり、読みっぱなしの新聞はあちこちに置かれ、シンクには汚れた皿が積み重ねられたまま……。おまけに分別のしかたがわからず、不燃物も可燃物もごっちゃに入ったゴミ袋がベランダに置きっぱなしになって、まさに「男やもめにウジがわく」という状態になっていたのです。

自立を決意させた娘のひと言

久しぶりに帰省した娘は、そんな悲惨な状態を見てビックリしました。

大あわてで掃除をはじめたのですが、そのそばで平然と新聞を読んでいる父親を見て、手を止めました。

「お父さん、もう少しどうにかならないの？　まるで泥棒が入ったみたいじゃない」

「母さんがいなくなったんだから、しかたがないだろ」

「それならお母さんのやってたことを、お父さんがやらなくちゃ。お母さんはもういないんだからね」

「わかってるって。でも、俺は男なんだし」

「男だから家事をしないなんて、自分のことを自分でするのは当たり前でしょ。私はもうこの家の娘じゃないんだから、当てにされても困るのよ」

「……」

　さすがに、このひと言はこたえました。娘の言うことは、いかにも正論です。男であることにあぐらをかき、家事は誰かがやってくれるものという甘えた考えを捨て切れなかった自分が恥ずかしくなったのです。

「ただね、急にそんなにやれないから、そこそこにして、あんまりがんばらなくてもいいから」

そう言われて、ホッとしました。

それから安井さんは、部屋の掃除にとりかかりました。もちろん一気にきれいにはなりませんでしたが、ひとつひとつのことを片づけていったのです。「ちょっとがんばる」という程度にしたそうです。

このようにして、家事に対して前向きになった安井さんは、現在はこざっぱりとしたシングルライフを満喫しています。

ひとり暮らしをするにせよ、誰かと同居するにせよ、「がんばりすぎないくらいでいいから、自分のことは自分でする」という心構えでやったらどうでしょうか。

第3章

気軽に「脳にいいこと」をはじめよう

「健康で長生き」のために実行したい3つ

ひと昔前、高齢者の健康を考えるとき、主なテーマは「どれだけ長生きできるか」でしたが、現在は単に寿命が長いだけでなく、「心身ともに健康な状態で長生きできること」が重視されるようになっています。

では、「健康で長寿」になるためには、どんなことをしたらいいのでしょうか。「栄養バランスを考えた食事をとる」「適度な運動を心がける」「十分な睡眠をとる」「規則的な生活を送る」など、健康な生活を送るためのコツをあげてみれば、キリがありません。

しかし、それをきちんと守ろうとすると非常に窮屈《きゅうくつ》で、まるで禁欲生活を強《し》いられているようで楽しくありませんね。頭も体もすべて健康でも、毎日が楽しくなければ苦痛に感じるでしょう。

そこで、ここでは毎日の健康のために、さほどがんばらないでもできる小さな努力を、3つ提唱したいと思います。それは、「よく噛《か》むこと」「よく笑うこと」「よく眠ること」です。

噛めば噛むほど健康になれる

個人差はありますが、一般的に加齢とともに歯が欠けたり、舌の運動機能や唾液の分泌も悪くなる傾向があります。そのため、食べ物がうまく飲み込めない「嚥《えん》下《げ》障害」を起こしやすくなるのです。

嚥下障害が進むと、誤嚥《ごえん》といって、食べ物が気道に入って肺炎を起こすことがあります。これを誤嚥性肺炎と呼びますが、高齢になるほどその比率は上昇します。

誤嚥を防ぐためにも、「よく噛んで食べること」はとても大切です。これは、どの年代にも共通して言えることです。

古代の日本人の主食はおこわで、干物、クルミや栗などの固いものを食べていたとされています。固いものはよく噛まなければなりませんから、1回の食事で噛む回数は約3900回、時間にすると1時間ほどかけていたと考えられています。

平安時代から昭和の戦前までの間は、米や麦、魚や野菜を主に食べてきました。古代に比べると噛む回数はぐんと減ったと考えられています。とは言っても1500回ほどで、食事の時間も20～30分はかかりました。

時は流れて現代。食事の欧米化が進み、食べるものがどんどん柔らかくなってきました。柔らかなものはよく噛まなくても飲み込むことができるので、回数は減って620回程度。時間にすると、11分しかかかりません。これでは回数が少なすぎます。

では、具体的にどのくらい噛んでから食べるといいのでしょうか。これはあくまで目安ですが、「ひと口30回」を目標にするのが理想的とされています。

しかし、よく慣れていない現代人にとって、ひと口30回は意外にハードルが高いようです。

クリアするためには、噛みごたえのある食材（玄米《げんまい》や胚芽米《はいがまい》。きのこや根菜《こんさい》、切り干し大根やこんにゃくなど）をメニューに取り入れたり、食材を大きめに切ったり、ひと口に入れる量を少なくして味わって食べるようにしたり、調理を薄味にして素材そのものの味を楽しむような工夫をするといいでしょう。

また、現代人は平均すると、ひと口につき10～20回しか噛んでいないので、「さあ、飲み込もう」と思ってから「さらに10回！」と思えばちょうどよくなります。

ひと口30回を実践

日本咀嚼《そしゃく》学会では、「卑弥呼《ひみこ》の歯がいーぜ」という標語を作って世の中に広めています。これは、噛むことの効用の頭文字を集めたもので、噛む回数が多かった卑弥呼の時代をテーマにしています。

これを読んでみると、「私もよく噛まなくちゃ！」「もっと噛んで健康を維持しよう」という気持ちになるはずなので、ぜひ覚えて「ひと口30回」を実践しましょう。

●「ひ」＝肥満防止　よく噛むことにより、脳が満腹感を覚えるので、食べすぎの防止になります。

●「み」＝味覚の発達　よく噛めば、食材本来の味がよくわかるため、味覚が発達します。

●「こ」＝言葉の発達　噛めば噛むほど顔が動くので、顔の筋肉が発達します。そのことによって表情が豊かになり、言葉を正しく発音できるようにもなります。

●「の」＝脳の発達　額の脇に手を当てるとよくわかりますが、噛む動作をしているとき、こめかみはよく動きます。このことによって、脳への血流がよくなって、脳の活性化につながります。

●「は」＝歯の病気予防　噛む回数が増えると、唾液《だえき》の分泌がさかんになります。すると、口のなかが唾液によって洗い流され、虫歯や歯周病の予防になります。

●「が」＝がんの予防　唾液のなかには「ペルオキシダーゼ」という成分が含まれていて、その成分には食品中の発がん性を抑制する働きがあるとされています。

●「い」＝胃腸の働きの促進　たくさん噛むことによって食品が細かくなり、それを消化する胃や腸の負担が少なくなります。そのため、胃腸の働きが正常に保たれるのです。

●「ぜ」＝全身の体力向上　しっかり噛むとあごが発達するため、ぎゅっと歯をくいしばることができます。そうすると、全身に力が入ります。

このように、噛むことには本当に多くの利点があります。つまり、噛めば噛むほど健康になるのです。お金もかかりませんし、特別な技術も必要ありません。ただ噛めばいいだけです。噛むのは自分の歯でも義歯でも同じです。たとえ総入れ歯の人でも、噛むことで健康を保てるわけです。

「笑う門には福来《きた》る」は本当だった

たとえ日々の暮らしは楽でなくても、ほがらかに笑いが絶えない家には、幸せがあふれているように感じます。「幸せだから笑う」のではなく、「笑うからこそ幸せになる」という発想は、ポジティブシンキングの原点でしょう。私たちも、笑うことで幸福を手に入れられたらいいですね。

さて、私たちの幸せには「健康であること」が不可欠ですが、笑いと健康が密接な関係にあるのをご存じでしょうか。

人は笑うことによって、脳から脳内モルヒネと呼ばれるホルモン（β《ベータ》-エンドルフィン）を放出します。このホルモンは強力な鎮痛《ちんつう》作用を持ち、リウマチなどの痛みを緩和《かんわ》する効果があります。また、このホルモンによって末梢《まっしょう》血管が拡張し、血液の流れがよくなり、体の隅々まで十分に酸素や栄養素が行き渡ります。

その結果、新陳代謝が活性化して、病気や老化を防いだり、体の悪い部分を直そうとする免疫《めんえき》細胞が増えるわけです。

逆に、疲れやストレスなどが続く笑いのない状態では、血管は縮んで細くなるため、新陳代謝が低下します。この状態では免疫力も同様に低下しているので、病気になりやすいのです。つまり、「ニコニコ笑顔は健康になりやすく、むっつり不機嫌では病気になりやすい」ということですね。

そして、不思議なことに、作り笑顔でも本物の笑顔同様に効果があることがわかっています。これは、顔の筋肉が笑いの形になることで、脳が「笑っている」

と認識するために起こるようですが、とくにどうしても表情が乏《とぼ》しくなりがちなひとり暮らしの人には朗報ですね。

とはいえ、心の底、腹の底から思い切り笑うに越したことはありません。日々の暮らしのなかで、小さなことでもうれしい、楽しいと思い、笑いにあふれた生活を送るように心がけましょう。

寝つきの悪さを解消するには

体調が悪いとき、その症状によって処方される薬は異なりますが、元気を取り戻すために「よく眠って体を休めること」は共通しています。それは眠りが最大の安静であり、体力を温存し、エネルギーを補給できる行為だからです。

しかし残念なことに、一般的に加齢とともに眠りの質は低下しがちです。日本では成人の５人に１人が「よく眠れない」と感じ、60歳以上になるとさらに増えて、３人に１人は「自分は不眠症である」と感じています。

とくに寝つきの悪さは問題で、多くの人が、
「以前は布団に入ったらバタンキューだったのに、最近はちっとも眠れない」
「早めに布団に入っているのに、いつまでたっても眠れなくてイライラする」
といった不満を抱えています。

早く眠って体を休めたいのに、なかなか寝つけないのでは、ストレスはたまる一方ですね。では、なぜ年齢を重ねると寝つきが悪くなるのでしょうか。

一日のなかで人間の体温には変化があり、体温が最も低いのは目覚める直前で、そこから徐々に体温は上がり、眠る前に一番高くなります。そしてだんだんに下がっていって、朝を迎えて再び上昇……。日々、これを繰り返しているのです。

睡眠中に体温が下がるのは、体温を下げることによってエネルギーの代謝を抑え、脳を休ませるためです。このときに人間は眠気を感じるのですが、年齢を重ねれば重ねるほど一日における最高体温が低くなり、体温を下げるのに時間がかからないために眠りが浅くなってしまうのです。

また、日中の活動量と睡眠量は比例します。若くて多くのエネルギーを消費し

ている人はたっぷり眠る必要がありますが、活動量が少ないシニアはそれほど多くの睡眠を必要としないのです。

それなのに、「することもないし、布団に入るか」「よく眠りたいから、早めに布団に入ろう」などと思ってしまうため、ますます寝つきの悪さを感じてしまうわけです。ある程度は「眠くなるまで待つ」ことも大切です。また、日中の活動量を無理のない範囲で増やすことも、心地よい睡眠には欠かせません。

風呂を利用して、心地よい眠りを

寝る前にお風呂に入ると、心身ともにリラックスし、眠くなることはご存じですね。これは入浴によって副交感神経が活発になり、体を緊張状態にする交感神経の働きが弱まるからです。風呂あがりにゴロリと横になって涼んでいるうちに、うたた寝してしまったことがある、という人も少なくないでしょう。

しかし、これは単に入浴してリラックスしたから眠くなるだけではなく、体温の変化も密接に関係しています。

前にも話しましたが、人間の体温は目覚めのときが最も低く、夕方から夜にかけて上昇し、最高潮に達したあとは徐々に低下していきます。体温が低下する際に眠気を感じるので、このタイミングに布団に入ると、スッと眠ることができます。そして、体温の低下の幅が大きければ大きいほど、深い眠りに入れるのです。

しかし、年齢を重ねると最高体温が低くなるので、低下の幅は自然に小さくなります。そこで有効なのが就寝前の入浴です。なぜなら、加齢のせいで低くなった最高体温が、入浴によって一時的に引きあげられると、体温の下げ幅が大きくなって心地よく眠りに入れるようになるからです。

熱い風呂に長時間つかるのは危ない

だからといって、熱い風呂に長時間つかるのはとても危険です。たしかに体温は上昇しますが、もし42度以上の熱い湯に入った場合、1~2分で血管が収縮して血圧が上昇してしまいます。血管が破れて脳出血を起こしたり、心臓に負担がかかって心臓発作を起こす危険性もあるのです。

一般的に高齢の人は熱い湯を好み、「熱いお湯でないと、入った気がしない」という人が多いのですが、最適な温度は「少しぬるいかな」と感じる38度から40度。それにゆっくりと入るのがいいとされています。

入浴中に倒れる人は、加齢とともに増えていきます。ましてひとり暮らしの場合などでは、入浴中の変化に気づいてくれる人がいないので、よく注意しなくてはいけません。シニアには、「冷や水」だけではなく、「熱い湯」も大敵なのです。

そして、入浴のタイミングですが、体温の低下にかかる時間を考えて、寝床に入る1時間前に風呂から出るようにするのがいいでしょう。

また、水圧による体の負担を軽くするため、湯ぶねのなかに小さな腰掛けを置いて座り、水面の位置を心臓より低くする半身浴もとても有効です。長く湯に入ってものぼせることがなく、体の芯《しん》から温まって気持ちがいいのです。風呂を上手に利用して、心地よい眠りを手に入れましょう。

ちょっとのことで疲れる自分を許してあげよう

年をとると、当然ながら若いときより疲れやすくなります。また、前は少し休めば回復した体力が、なかなか元に戻りにくい場合もあるでしょう。そんなとき、「このくらいの疲れに負けていたら、どんどん老いぼれてしまうぞ」「もっともっとがんばって体力をつけなくちゃ」と、さらに自分に鞭《むち》打とうとする人がいます。その不屈の精神は大いに見習いたいところですが、無理は禁物。疲れているときは体力だけでなく、集中力も低下しているので、思わぬケガをする危険もあります。

また、疲れをきちんととらないでがんばってばかりいると、疲れが蓄積し、病気に発展するケースもあるのです。

疲れは「ちょっと休んだほうがいいですよ」という体からのサインであると同時に、「ちゃんと休まないと危険ですよ」という警告でもあります。

若い頃からスポーツをやって体を鍛えている人ほど、ちょっとのことで疲れる自分が許せなくて、「もっと、もっと」とトレーニングに励《はげ》んでしまう傾向がありますが、寄る年波《としなみ》にはゆるやかに身をまかせて、しっかり疲れをとる習慣をつけたいですね。

しっかり疲れをとってから、また少しがんばる。この繰り返しが長く健康でいられる秘訣と思ってください。

脳の活性化は難しいことではない

年をとると、病気のこと、お金のことなど、さまざまな不安が生まれるものです。そのなかでも最も深刻なのが、「認知症」に関する不安ではないでしょうか。体が動かなくなることより、お金が底をついてしまうより、認知症のほうが人間の尊厳が失われるようで耐えられないという人は少なくありません。

科学や医学が発達した現在でも、「絶対に認知症にならない方法」というのは残念ながら見つかっていません。しかし、脳を鍛えることによって脳の老化を防ぐという方法なら、たくさんあります。それも、日常生活のなかで簡単にできることばかりですから、積極的に実践したいですね。

人間の脳は右脳と左脳に分かれていて、それぞれに異なった役割を持っています。本を読んだり、計算したり、文字を書く、いわゆる「ヨミカキソロバン」の機能は左脳の仕事です。また、直感や音感にすぐれ、空間や図形を認識するのが右脳の仕事とされています。

脳の老化を防ぐには、片方ばかりを使っていてはいけません。両方をバランスよく使うことが大切です。そこで、誰にでもできる一番簡単な方法は、「利き手と反対の手を使うこと」でしょう。

右脳は左半身、左脳は右半身を統率しています。利き手ばかりを使っていると、どちらかの脳が主に活動し、反対側の脳はあまり使われないようになってしまいます。だからこそ、両方の手をバランスよく使うことが重要なのです。

しかし、ずっと右利きだった人が左手で字を書いたり、箸《はし》を持ったりすることはかなり難しいでしょう。利き手をケガしたことがあれば、この不自由さは経験ずみですね。

でも、歯ブラシならどうですか。また、体を洗うタオルやスポンジを反対の手に持ち替える、コップを持つ手をいつもと反対にするなど、これくらいの作業なら何とかなりそうですね。生活のなかのさりげない作業で、脳の老化を防ぐことができるのです。

目や手足の不具合は気づきやすいのですが、脳の変化はとても気づきにくいと言われています。大切な脳がいつまでも元気でいられるように、ときどきは、利き手ではない手も意識して使うように心がけてみてください。

懐メロで脳を大いに刺激する

カラオケで最新のヒットナンバーを歌うシニアがいます。次々にテンポが移り変わるような曲だったりすると、「どうしたら、そんな難しい歌を歌えるんだろう」とひたすら感心してしまいます。

こうした人たちは「ヒトカラ」といって、ひとりでカラオケルームに行くようです。人前で歌えるレベルに達するまで徹底的に同じ曲ばかりを歌い込んだり、日常生活でも常に音楽を流して頭にリズムを叩き込んだり、いろいろ努力をしていることが多いようです。前向きな気持ちのある人はつねに脳に刺激を与えているので、いつまでも若々しい脳年齢を保つのでしょう。

しかし、こんなことができるのは、カラオケがかなり好きな人に限られます。普通は、昔覚えた曲を思い出しながら歌うのが精一杯。そのため、選ぶ曲が「懐《なつ》メロ」一辺倒になってしまうことも珍しくありません。

新しい曲を歌うのと、懐メロを歌うのでは、圧倒的に新しい歌のほうが脳への刺激が強いように感じられますね。でも、じつは懐メロには、意外な効果が隠されています。

たとえば、自分の青春時代にヒットした歌が流れてくると、「懐かしいなあ」と思うと同時に、当時の風景が鮮やかに蘇《よみがえ》るのではないでしょうか。青春時代には誰にでも、胸がキュンとなるような甘酸っぱい思い出のひとつやふたつはあるはずです。懐メロを歌うと、懐かしい思い出が次々に蘇り、当時にタイムスリップしたような感覚になったりするのです。

このとき、脳は大いに刺激を受けて活性化しています。新しい曲には思い出がありませんが、懐メロには余るほどの記憶がくっついているからです。

これは何もカラオケに限った話ではありません。庭いじりをしながら、片づけをしながら、お風呂に入りながら、懐かしいメロディを口ずさんでみましょう。それだけで、楽しい気分で脳のトレーニングができるのです。

家のなかでは素足を心がける

現代の生活では、はだしで歩くことは少なくなりました。しかし、はだしで歩くことにさまざまな効用があります。

足の裏には多くのツボがあり、本来なら歩くたびにそのツボが刺激を受けるはずなのですが、靴を履《は》いていると刺激はほとんど吸収されてしまいます。靴は足をケガから守ってくれるばかりでなく、暑さ寒さも防いでくれる大変便利なものですが、そういったマイナス面もあるのです。

大地をしっかり踏みしめるためにある5本の指は、靴という狭い空間にギュッと押し込められ、窮屈《きゅうくつ》な思いをしています。最近増えている外反母趾《がいはんぼし》や巻き爪、水虫などは、靴のなかに足を閉じ込めてしまった結果、起こった病気とも言えます。

仕事をしているときにはハイヒールや革靴を履いていた人も、第一線を退《しりぞ》いたら、はだし生活にぜひトライしてみてください。

もちろん、夏は焼けつくように熱く、冬は氷のように冷たいアスファルトや、何が落ちているかわからない屋外を素足で歩くことは危険ですが、家のなかにいるときに素足でいることを心がけるだけでも、十分に効果が期待できます。冬は床が冷たくて無理でも、春から秋にかけての季節なら、気持ちよくすごせるのではないでしょうか。最初はやや違和感があっても、だんだんなじんで素足の心地よさを体感できるでしょう。

クイズ番組は解答者気分で真剣に

いつの時代も、クイズ番組は人気があります。クイズ番組とひと口にいっても、小学校レベルで習う常識問題から、専門家でなければわからないマニアックな問題ばかりを集めたものまで、じつにバラエティーに富んでいます。そのため、たびたび見ても飽きることがありません。

クイズを解くことは脳の活性化にとても役立ちますから、ボーッと見るだけではもったいないですね。テレビをつけているのなら、自分が解答者になった気持ちで問題を解くと、脳への刺激が倍増します。また、テレビの解答者と同様に、答えを文字にすると、なおいいでしょう。

さらに、答えるときには実際に声に出してみてください。考えるという行為だけでも脳を刺激してくれますが、それを発声すると、自分の声が耳から脳へと伝わり、もっと強い刺激になるのです。

誰かと同居していれば、「答えが間違っていたら恥ずかしい」「テレビ番組に入り込んで、答えを言うなんて恥ずかしい」と思うかもしれませんが、遠慮はいりません。気にせず、声に出してみましょう。間違ったときは思い切り照れて、正解したときは思い切り喜んでください。

こうした感情の起伏は、生活を生き生きとさせるのにとても効果的です。

ラジオ中継は脳をフル回転させる

スポーツをテレビで見る人は多いのですが、「ラジオ中継」もありますね。じつは、この「スポーツのラジオ中継」が、脳の活性化にとても役立つのです。

たとえばプロ野球で、ひいきの選手がバッターボックスに立ったとします。テレビ中継なら、肩を回したり、素振りをしたりといった動作がつぶさに見られますから、脳は大して働く必要がありません。しかし、ラジオ中継なら話は別になります。

「いよいよ○○選手の出番です。おや、今日は表情がいつもより硬いですね」

「最近、ここ一番というところで勝負強いですからね」

など流れてくれれば、頭のなかで選手の緊張する顔や、息を大きく吸い込んで集中力を高める仕草などをあれこれ思い浮かべるでしょう。テレビでは見たままですから、それ以上もそれ以下もありませんが、イメージの世界なら無限に想像をふくらませることができます。そしてヒットを放ったときなどは、

「○○選手、打ちました。どんどん打球が伸びている、伸びている、伸びている、どうだ、ホームランか？　ホームランか、入りました、逆転ホームランです！」

その声に、照明灯に照らされた夜空を白球がぐんぐん飛距離を伸ばして飛んでいく様子、それを歓声とともに見つめる観客の表情まで思い浮かべることができるのです。このようにアナウンサーの言葉から受けた刺激を具体的なイメージに置き換える作業は、すばらしい脳トレーニングになります。

また、苦手なものを思い浮かべるのではなく、自分の好きなものですから楽しみも加わり、さらに脳によい効果を与えてくれます。

テレビは便利な道具ですが、あまり頼りすぎると、せっかく私たちが本来持っ

ているイマジネーション力を奪ってしまいます。ですから、時には気分を変えてラジオに耳を傾けるのもいいかもしれません。

イライラしたときは水辺に行ってみる

年齢を重ねると、どうしてもイライラしやすくなります。ついこの前まで楽にできていたことが難しくなったり、自分の思いどおりに体が動かなくなると、「こんなはずじゃなかったのに」という喪失感《そうしつかん》に似た気持ちが、イライラへと変わっていくからです。

こんなときのストレス解消法に、「水辺へ行く」というものがあります。

都会に住んでいれば森林や高原には気軽に出向くことはできませんが、公園の噴水を見に行くくらいなら、そう難しくはありませんね。

地球は「水の惑星」と呼ばれ、人間は水なしでは生きていくことができません。ですから、水は人に安らぎを与えてくれる存在なのです。言葉ではうまく表現できませんが、水の匂《にお》いや、水を含んだ風を感じると、胸の奥がふっと優しくなるような気分になりませんか。

形こそ異なりますが、どんな世代の人も不安やイライラを抱えて生きています。どうしてもイライラがおさまらないときや不安を解消できないときは、自然の力を借りてみましょう。水辺で大きく息を吸い込んだときに肺のなかに広がるひんやりした感触は、ちっぽけな不安をすっと消し去ってくれる力を持っているのです。

「がんばりすぎない」朝の散歩は、一日のリズムを整える

最近は多くの人たちが早朝にウォーキングを楽しんでいます。目的はさまざまで、ダイエットやメタボ防止、健康増進などが主なところかもしれませんが、早朝のウォーキングには「一日のリズムを整える」という大きな利点もあります。

会社勤めをしていた頃や、子育てをしていた頃の朝を思い出してください。食事をして、新聞に目を通し、スーツに着替え、電車の時間を気にしながら家を飛

び出す人が多かったでしょう。

子育て中の人なら、子どもの身支度に気を配りながら料理、洗濯、お弁当作り。なかなか目が覚めずにノロノロと食事をする子を叱《しか》りながらも、ご主人のスーツのゴミをとるといった、超人的なスケジュールをこなしていましたね。「朝は戦場」と言われるように、目覚めると同時に思い切りねじをまいた状態で取り組まないと、あわただしい朝の時間に、さまざまな支度が追いつかなかったのです。

しかし、シニアの年代では違います。外出の予定がない限り、とても緩《ゆる》やかな時間が流れます。もちろん、ゆったりと時間に身をまかせてすごすのも悪くはありませんが、その緩やかな時間に流されて、いつまでも寝巻き姿でダラダラしているようでは、一日のリズムが崩《くず》れてしまいます。

もし、「最近ちょっとダラけているな」と感じているのなら、朝のウォーキングをはじめてみませんか。朝は本当に気持ちがいいのです。吹く風にはさわやかな香りがし、朝日に照らされた木々や街並はキラキラ輝き、毎朝生まれ変わるような印象さえ受けます。そんな街のなかを歩いていると、自然のパワーが体中に入り、生命エネルギーがみなぎってくるのを感じ、シャキッとした気持ちで一日のスタートを切ることができるでしょう。

物事ははじめが肝心といいますね。一日の生活だって同じです。朝がだらけると、一日中ダラダラと流れてしまいます。逆に、朝のスタートがしっかりしていれば、充実した一日を送ることができるでしょう。

上から下までウォーキングスタイルで決めるもよし、普段着のまま気ままに歩くのもよしです。何より大切なのは、朝の光を思い切り浴びることなのです。

ただもちろん、こうしたウォーキングも絶対やらなければいけない義務とは考えないで、がんばりすぎず、自分の体調と相談しながら行うのがいいでしょう。

散歩だって脳トレーニングになる

散歩は格好な脳トレーニングにもなります。

脳に対してすばらしい栄養になるのは、「喜び」や「楽しみ」です。そのため、趣味や学習、人の役に立つことなどが有効なのですが、そのほかにも日常生活のなかの小さな努力で、脳に「若さ」の栄養を与えることができます。これらに該当するのが散歩なのです。

通い慣れたいつもの道を歩くとき、あなたはどんなことを考えながら歩いていますか。運動のために歩いている人などは、頭のなかで「いちに、いちに」と号令だけをかけ続ける人もいます。

しかし、町には小さな自然がいっぱいあります。気をつけて見ていると、たくさんの変化に気づくでしょう。春先なら、ふくらみはじめた梅の蕾《つぼみ》などを観察しながら散歩をすると、楽しいですね。

「昨日はまだまだ爪の先ほどの大きさだったけれど、今日はどうかな?」

「ずいぶんふくらんだけれど、花が咲くまでにはあと3日くらいかかるかな?」

「梅の蕾って、ポップコーンにも似てる」

などと思いながら歩いていると、楽しさが倍増します。また、予想どおりに開花を見られれば、単に「あ、梅が咲いている」と思うのとは違い、

「やっぱり、予想どおり咲いてくれた。もしかして、咲いてほしいっていう気持ちが通じたのかな？」

などと、うれしい想像を働かせることもできるのです。

また、花が咲いた様子を見て、

「梅の花を言葉で表すと、何だろうな。清楚《せいそ》、可憐《かれん》、可愛い、愛らしいかな」

などのように言葉の連想ゲームをするだけで、脳は目まぐるしく活動し、老化の歯止めに大いに役立ちます。

夏の散歩なら、雲の様子を見るのも楽しいですね。真っ青な空にちぎれちぎれに浮かぶ雲も風情《ふぜい》がありますし、もくもくとわきあがる入道雲には力強さを感じます。さらに、夕立の前の真っ黒な雲には言葉にできない恐怖感のようなものを覚えますし、いくら見ていても飽きることがありません。

ただし、漫然《ばくぜん》と見ているだけではダメです。対象物に意識を集中させ、対象物にも気持ちがあるようなつもりで見るのがコツです。

そうすれば、「黒い雲がどんどん増えてきた。空も不機嫌なのかな？」といった柔軟な発想ができるようになります。

こうした脳トレーニングをしている人は、感情がさびつかず、喜びの振幅も若い人以上に大きく、小さなことにも喜びを発見できるようになります。

「年をとると、うれしいことが減っちゃってね……」

などと愚痴《ぐち》をこぼす人がいますが、これは大きな間違い。うれしいこと自体が減っているのではなく、うれしいと感じる機能が衰えているだけなのです。

毎日を楽しくすごすためには、日常生活のなかで喜びを探す努力を怠《おこた》らないことが大切です。難しく考えずに、まずは身のまわりの自然観察からはじめてみましょう。

「いいこと日記」にはこれだけの効果がある

毎日を忙しくすごしていた頃は、休みの日がうれしかったですね。土曜日や日曜日というだけで、気持ちがワクワクし、小さなことに幸せを感じたり、楽しく思えたりしたものです。

しかし、毎日が休日のシニアになると、曜日の感覚も薄らぎます。特別な日は盆暮れか正月くらいになってしまいがちです。

毎日が同じように平坦《へいたん》になってしまうと、感情も同じようにデコボコがなくなっていきます。うれしいとか悲しいとかを感じない、ボーッとした状態です。これは脳の老化に大いに関係することなので、見過ごすわけにはいきません。

前に散歩中の脳トレーニング法を紹介しましたが、それとは別に「いいこと日記」をつけるという方法もあります。

「いいこと日記」とは文字どおり、その日に起こった「いいこと」を書くものですが、これを書くことによって、さまざまな効果が期待できます。

まず、積極的に「いいこと」を探すようになります。これは「悪いところを探す」あら探しとは逆の行為なので、気持ちがウキウキします。それに、家にこもっていたのでは、毎日違ったいいことを見つけるのが難しいので、町に出たり、人と会ったりするようになるでしょう。

また、日記を書く際にはその日に何があったかを振り返るので、記憶トレーニングにもなります。さらに、「いいこと」として認識されなかったような小さなことも、日記をつけることによって「いいこと」に昇格するのですから、日記の威力はたいしたものです。

それだけではありません。ちょっと落ち込んだときや悲しいことがあったときに、その日記を振り返ると、「悲しいこともあるけれど、毎日こんないいことがあるじゃないか」と思え、また前向きに生きていくパワーが生まれるのです。

こうした「いいこと日記」は、介護の世界でも重宝されています。

寝たきりの病人や高齢者を介護する家族は、一日のほとんどが介護に注がれるため、自分の生きがいを見失ってしまい、「介護をしているから、私はこんな思いをするのだ」と、うつになってしまうことがあります。しかし、積極的にいいことを見つけることによって、喜びを見出《みいだ》しにくい介護生活のなかにも光を見出すことができ、活力を得られるでしょう。

いつでも誰にでも簡単にはじめられるのが「いいこと日記」です。ただひとつ気をつけたいのは、三日坊主にしてしまわないことだけですが、これもあまりプレッシャーに感じずに、まずは気軽にはじめてみるのがいいでしょう。

木や花に「おはよう」の挨拶《あいさつ》をする効能

連想クイズです。「一日のスタート」と聞いて、あなたは何を思い浮かべますか。窓から差し込む朝日、コーヒーの香り、満員電車……。人によって連想するものは異なるでしょうが、「おはようの挨拶《あいさつ》」を連想した人も少なくないはずです。

「おはよう」「おはようございます」と声を出すことによって、活動のスイッチがオンになるメカニズムは何となくわかりますね。シニアで、とくにひとり暮らしの人は、残念ながら家にいる限り、「おはよう」と声をかける相手がいません。

「おはよう」がなくても、ちゃんと朝の活動がはじめられる人はいいのですが、「何となくいつもダラダラしてしまう」なら、自宅にある木や花に挨拶をしてみましょう。心を込めて挨拶すると、それだけで朝のけじめがつき、活動的になれるはずです。

会社に行ったり、家族と一緒にいるときは、「おはよう」の挨拶は当たり前でした。しかし、誰にもおはようを言わない日々が当たり前になると、いざ「おはよう」を言わなくてはいけないシーンになっても、言葉が出なかったり、ぎこちなくなってしまうこともあるのです。

また、植物に挨拶するのには別の効果も期待できます。不思議なもので、毎日挨拶をしていると、植物に対して愛着がどんどんわいてきます。すると、それまでは「とりあえず植えてあった」とか「何となくそこにあった」ような植物が、大切で愛《いと》しい存在になってきます。そうなれば、植物のちょっとした成長にも気がつくようになり、日々の暮らしにハリが出るというものです。

最初はちょっと恥ずかしいかもしれませんが、毎日続けていると、挨拶しないと気持ちが悪くなるほどです。

人間も植物も、同じように命ある生き物です。そう思えば、おのずと心のこもった挨拶ができるのではないでしょうか。

一日の終わりに「今日もいい日だった」とつぶやく

「言霊」という言葉をご存じですか。「ことだま」と読み、「言葉にあると信じられた力」のことです。

日本では古くから、言葉には不思議な力が宿っていると考えられていました。そしてその考えは、現在でも広く日本人に浸透しています。

たとえば、結婚式のときに「別れる」「切れる」「離れる」などの言葉を使ってはいけないとされますね。これは「ふたりが別れる」「縁が切れる」「離れ離れになる」などのよくないことを連想させるからです。そのため、ケーキカットの際には、「ウエディングケーキをナイフで切ります」ではなく、「ウエディングケーキにナイフを入れます」と言い換えるわけです。

また、受験生に対して「すべる」「落ちる」なども禁句とされています。どちらも、受験に対して縁起が悪い言葉だからです。

このように、「悪い言葉を使えば、本当に悪いことが起きる」というのも「言霊」なのですが、その逆で、「いい言葉を使えば、本当にいいことが起きる」というのも「言霊」です。たしかに、いつも人の悪口や愚痴ばかりこぼしている人は表情もとげとげしく、お世辞《せじ》にも幸せそうとは言えません。しかし、つねに楽しそうに話したり、人への感謝を口にしている人の表情はおだやかで、幸せにあふれているように見えますね。

すっかり前置きが長くなってしまいましたが、一日の締めくくりに、「ああ、今日もいい日だった」とつぶやいてみましょう。

生きていれば晴れの日も雨の日もありますが、一日の締めくくりをこの言葉にすれば、本当にいい一日だったと思え、幸せな気持ちで眠ることができます。すると当然、幸せな気持ちで目覚めることができ、翌日も楽しくすごせるのです。「いい一日」という定義には個人差がありますが、最終的には「とくにがんばらなくても生きていればＯＫ」なのですから、どんな日でも「今日もいい日だった」になるわけですね。

第4章

無理のないシニアのネットワーク作り

地域とのつながりが人生を華やかにする

老後を楽しくするもののひとつに、「地域とのつながり」があります。そして、大切にしておいて損をしないのも、地域とのつながりです。

あなたは自分の住む地域の公民館や各種の会館、コミュニティーセンターに足を運んだことがありますか。その施設がどこにあるかご存じでしょうか。

地域とのつながりを考えるうえで、これらの施設は大切な役目を果たしています。なぜなら、公民館、文化会館やコミュニティーセンターなどは地域の共同体意識を高めるためのもので、また、地域社会の文化活動の中心となる場だからです。

「公民館って、何か年寄りや子どもの集会所みたいなところじゃないの?」

もしそう思っているのなら、一度、施設を見学してみるといいでしょう。そうすればきっと、

「へぇ、この町ってこういうところなの」

「こんなに多くの人たちが利用しているのか」

ということがよくわかるはずです。また、

「地域に溶け込んだ生活を送りたいけれど、どこにどうやってアプローチしていいのかわからない」

「地域のなかで何か自分に参加できるものがあるだろうか」

そう考えている人は、確実に大きな一歩を踏み出せるでしょう。

地域の会館や公民館は年寄りのたまり場ではない

定年退職して5年目を迎えた佐橋さんは、1週間のうち3〜4日は地域の会館に通っています。現在、３つの市民サークルに参加するほか、学びの会にも足を運んでいるため、どうしてもそれくらいの頻度《ひんど》で訪れるようになるのです。

「会館での活動がなかったら、俺は今頃、すっかりボケじいさんだよ」

笑いながら話してくれる彼も、ほんの3年前まではそうした地域の会館がどこにあるかさえ知らなかったのでした。

佐橋さんが地域の会館に初めて足を踏み入れたのは、買い物の帰りにたまたま前を通りかかったときのこと。「町内会の寄り合い場所」「年寄りのたまり場」としか思っていなかったので、そのまま行きすぎるつもりでした。

しかし、月ごとの催し物が書かれたポスターに「男のカンタン料理教室」の文字を見つけ、心が動かされたのです。

妻に先立たれた佐橋さんは、朝食以外の食事を外食に頼っていました。仕事をしていた頃の習慣がそのまま続いていたからです。しかし、収入は減っているのに以前と同様にお金を使っていては、いつかピンチに陥《おちい》るのは目に見えていました。料理を覚えたい、覚えなくてはいけないと思いながらも、料理学校に通うのは億劫《おっくう》で、ずるずると外食を続けていたのです。

さらにポスターに「シニア大歓迎」と書かれていたことが、彼の背中をひと押ししました。

「とりあえず、パンフレットだけでももらえたら……」

そんな軽い気持ちで、門をくぐったのでした。

佐橋さんの地域の会館には、市民サークルのパンフレットがたくさん置いてあります。彼は、まずその数の多さに驚きました。パソコン、ジャズダンス、俳句、絵手紙、卓球、社交ダンス、日本舞踊、エコロジー研究、写真、バトントワリング、手芸、料理、お菓子作り、子育てなどなど、とても書き切れないほどのサークルがあったのです。

参加者の年齢も幅広く、地域住民であれば誰でも参加できるものでした。また、税金や年金を学ぶ勉強会、コンテナ栽培の講習会、名画鑑賞会など、知的好奇心を刺激する催し物が多数あり、「何だかおもしろそうなところだな」と感じたのです。

さらにうれしいことは、それらのサークルに参加する費用が、カルチャースクールなどとは比べものにならないほど安かったのです。これは活動内容によって異なりますが、すべてが非営利団体なので、お金がかかったとしても材料費や保険料といったものだけですむのです。これは年金生活に入っていた佐橋さんにとっては、大変にありがたいことでした。

地域の会館や公民館でネットワークを広げよう

とりあえず、料理教室への参加を決めた佐橋さんが、そこで得たものは料理を作る技術だけではありませんでした。いや、もっと大きなものを手に入れたのです。それは、「地域とのつながり」「地域のネットワーク」と言うべき形のない財産でした。

佐橋さんは料理教室で、同じ世代の人だけでなく、自分よりもっと上の年齢で、毎日を生き生きとすごしているシングルシニアの先輩と知り合いになりました。その先輩の誘いで、カメラサークルに入り、写真を撮るおもしろさを覚えました。今では月に1回のミニ撮影旅行にも参加しています。それまでは出不精《でぶしょう》で、近くの行楽地にも足を運んだこともなかったのですから、信じられないほどの変化です。

また、撮影旅行で自然に触れ合うことから、環境についても問題意識を持つようになり、さらに地球温暖化の対策を考えるサークルにも入りました。ほかの市町村でも同じような活動を行っているサークルがあるため、合同で勉強会や講習会を開いたり、かなり忙しい毎日を送っています。

定年退職したら家で気ままにのんびり、と思っていた佐橋さんにとっては思いがけない展開でしたが、毎日が充実し、会社勤めをしていた頃より張り合いのある日々を送っています。半年ぶりに孫を連れて遊びに来た娘からも、

「お父さん、なんか前より若くなっちゃったみたい」

と驚かれるほどです。

地域デビューは決して難しいことではありません。「地域の会館なんて年寄りのひまつぶしの場所だ」という思い込みを捨て、「何だかおもしろそうだな」という柔らかな気持ちさえ持てば、誰でも充実した地域ライフを送れるでしょう。

こんなタイプは地域に溶け込みにくい

佐橋さんのように、地域での活動に興味を持ち、自然に仲間に入れる人はいいのですが、なかには、

「溶け込みたいと思っているのに溶け込めない」

「溶け込もうとするほど、周囲から浮いてしまう気がする」

そう感じる人も少なくありません。こんな人は、次の項目に心当たりがないでしょうか。

●人の話を聞くより、自分が話すほうが好き
●仕事人として優秀だった自分のことを知ってほしい
●自分がとりまとめれば、もっとうまく事が運ぶと思っている
●人に仕切られるより、自分が仕切るほうが性《しょう》に合っている

「あ、ちょっと当てはまるかもしれない」。そう感じた人は要注意です。地域に溶け込むには、ある程度の努力が必要かもしれません。

これらの項目に共通するのは「自己顕示欲の強さ」です。もちろん、自己顕示欲が強いことが悪いとは言いません。自分を押し殺して周囲に迎合しなくてはいけない、というわけでもありません。ただ、地域活動に参加しはじめて日数が浅い人にとっては、この自己顕示欲の強さがマイナスになりやすいのです。

会社のルールを地域に持ち込むと……

エリート商社マンだった近藤さんは、退職を機に都心のマンションを息子に明け渡し、自分は生まれ育った郊外の町に引っ越しました。子ども時代はあちこちに雑木林《ぞうきばやし》があり、近くを流れる小川には魚がたくさん泳いでいるようなのんびりしたところでしたが、現在はベッドタウンとして開発が進み、すっかり近代的な町へと変わっていました。

しかし、町には小学校の同級生もかなり残っていて、そのなかの何人かは地域のリーダーとして活躍していました。近藤さんは昔からガキ大将タイプで、つねに人の上に立つ存在でしたから、彼らに、

「近藤くんも俺たちの仕事を手伝ってくれよ」

「そうだよ、近藤なら頭は切れるし、何をやらせてもうまいからな」

と言われて、すっかりその気になったのです。

しかし、最初の会合で大失敗を犯してしまいました。それは、お茶を飲みながらのんびりと進む議事に対して、

「みなさんは、『時は金なり』という言葉をご存じですね。ただ長いばかりの会議ほど無意味なものはありません。何のビジョンも意見も持たずに会議に参加している人もいらっしゃるようですが、そういった方々は自分の時間を浪費しているだけでなく、相手の大切な時間さえも無駄遣《むだづか》いしていることを理解していらっしゃるのでしょうか。今日の会議はいったん中断し、次回の会議までに簡単なレポートをまとめて各自発表するのはどうでしょう。そのほうが速《すみ》やかに進むと思うのですが」

と発言してしまったからです。

たしかに正論です。ビジネスマンとしては当然な意見でしょう。

しかし、残念ながら近藤さんはすでにビジネスマンではありません。地域のなかでは駆け出しのシニアなのです。

がんばらずにのんびりやっていこうという空気が読めずに、高飛車な態度をと

ってしまったら、地域に溶け込むまでにかなりの時間を要するでしょう。一度「偉そうな奴」というレッテルを貼られると、なかなかはがれないものです。

勝ち負けにこだわらないのがシニアライフ

社会人はエリートであればあるほど、毎日が戦いです。社外ではライバル会社との戦い、社内では出世争いという戦い、地位を守るための自分との戦いなど、ひと昔前の年功序列型の社会から実力主義の社会に変わったことによって、さらにその戦いは激しいものになっています。

競争社会に長く身を置いていると、つねに「ほかの奴には負けるわけにはいかない」「気を抜いたら出し抜かれる」という、せきたてられるような思いが染みついてしまい、のんびり気ままにすごせるシニアライフを心からエンジョイできない人もいるようです。

こういった人たちは、地域の寄り合いの顔合わせの席でも、「ここでバカにされ

てなるものか」という気持ちが働いてしまいます。そして、

「私は○○会社の取締役をやっておりました」

「外資系の会社におりましたので、英語はおまかせください」

などと、過去の栄光をひけらかしたがる傾向があります。

本人としては、

「俺はそんじょそこらの爺《じい》さんとは違うんだ、どうだ、まいったか」

というつもりで話しているのかもしれませんが、聞かされたほうは、「何だか面倒くさそうな人だな」くらいにしか思っていません。

張り合う気持ちなど持たない人たちに向かって闘志をむき出しにしたのでは、「面倒な人」と思われてもしかたありませんね。

シニアライフには上司やライバルはいませんし、必死になって守らなくてはならない地位もありません。いろいろなしがらみから放たれて、晴れて自由の身になったのですから、もっともっと肩の力を抜いて、自分のペースで人生を楽しめばいいのではありませんか。

あなたの助けを必要としている人がいる

「あなたの笑顔が私の喜びです」

こんなふうに書くと、サービス業を営む会社のキャッチフレーズのようですが、じつは誰の心のなかにもこうした気持ちがあるはずです。

あなたは誰かに何かをしてあげたとき、「ありがとう」と言われるとうれしくなりませんか。

相手のうれしそうな顔を見て、心にポッと温かい明かりがともるような感覚を覚えたことはありませんか。

誰かの役に立ち、感謝されることは、お金や物だけでは満たされない人間の心に潤《うるお》いを与えてくれます。なぜなら、人に感謝されることは自分の存在価値を確かめることに通じるからです。

現代社会は多くの物があふれ、お金さえあればたいていの物は手に入ります。他人と関わりを持たなくても「ひとりきりで生きていく」のに便利にできているように も感じられます。

しかし、人間はひとりで生きていくことはできません。多くの人との関わりのなかでこそ、自分の存在を感じることができるのではないでしょうか。

ところが、仕事を引退したシニアの場合は、人の世話になることも少ないけれど、人の世話をするタイミングも少なくなります。そのため、日々の暮らしのなかで趣味や学び、交友関係で特別な喜びがないと、「単に生きているだけ」という空《むな》しさに襲われてしまうこともあるでしょう。

「もしかして、私は誰からも必要とされていないのではないか?」

「このまま私が死んでも、誰ひとり悲しんでくれる人はいないのではないか?」

などと考え、うつ病になってしまう人もいるのです。

では、どうやったら「人のために役立つ」ことができるのでしょうか。

答えは簡単です。あなたの助けを必要としている人に、力を貸してあげればいいのです。

病院には助けを求める人がいっぱい

ある大学病院の朝。バス停の前には、エプロンをした人たちが待機しています。エプロンには「ボランティア」という文字が大きくプリントされています。彼らの年齢は、20歳前後から、一番上の人で70歳代くらい。年齢の幅広さに驚かされます。そしてバスが到着し、次々と患者が降りてくると「おはようございます！」と元気に声をかけ、車イスが必要な人にはすぐにそれを準備し、また、手を引いたり、どちらに行ったらいいかあたりを見回している人にはすぐ近くに行き、

「今日はどうなさいましたか？　何かお手伝いしましょうか？」

などと声をかけたりします。

「ええと、行きつけの医院の先生から、こっちに来るようにお手紙をもらってきたんですけど……」

などとバッグのなかをごそごそする女性に対しては、

「紹介状をお持ちなんですね、ではそちらの窓口までご一緒しましょう」と、案内もしてくれます。彼らは病院に登録をしたボランティアスタッフなのですが、その働きのすばらしさには本当に頭が下がります。

見舞いに来る人を除けば、病院を訪れる人たちは、体のどこかに不調を抱えています。そういった人たちは同時に不安も持っていますし、また、初めて訪れる大学病院は「最初に、何をどうしていいか」わからない人が多いのです。さらに、大きな建物に圧倒され、それだけで萎縮《いしゅく》してしまう人もいるので、こうしたボランティアの人たちの働きや、ふれあいがどれだけ心強いことでしょう。

命の尊さを再認識できる仕事

来年70歳の誕生日を迎える大場さんは、5年ほど前から病院ボランティアをはじめました。最初は自分が検査を受けるためにこの大学病院を訪れたのですが、そのときに、生き生きと働くボランティアの人たちの姿を見て、「よし、これなら自分にもできそうだ」と思って、応募したそうです。

「普段、友だちに会う以外は他人としゃべらないし、まだまだ体が動くのに家のなかでくすぶっていたら、ますます老けちゃいますよ。それに、このボランティアをやっていると、自分よりもっともっと若い人のお世話ができるのがうれしいですね。子どもにまで『ありがとう』なんて言われると、胸がドキッとするほどうれしいんです。体が動く限り、続けたいですね」

大場さんの表情はとても明るく、来年70歳を迎えるなど信じられないほど若々しく輝いています。それは、外面を若く見せようとするアンチエイジングとは明らかに異なり、内面から生きる喜びがあふれている人だけが持つ輝きでしょう。

大場さんのように病院でボランティアをする人はたくさんいます。また、病院内では案内や車イスの介助だけでなく、食事の配膳《はいぜん》、入院患者の話し相手、小児病棟の入院患者に本を読んであげる、散歩のおつき合い、ベッドまわりの整理整頓《せいとん》など、多くの助けを必要としています。

病院と言えば、医者や看護師といった専門職の人たちの職場というイメージがありますが、特別な技術がなくても「人の役に立ちたい」という気持ちがあれば、助けを必要とする人に手を差し伸べることができるのです。

インターネットで「病院　ボランティア」で検索すると、多くのホームページを見つけることができ、また、大きな病院のほとんどがボランティアスタッフを募集しているので、興味のある人は調べてみませんか。

病院でボランティアをしていると、「命の尊さ」「健康であることの大切さ」「生きているということがどれだけすばらしいことなのか」を再認識できるといいます。ごく当たり前のことが見失われがちな現代こそ、こうしたボランティア活動が大切になってくるのかもしれませんね。

足が悪くてもできるボランティアがある

幸恵さんは社交的な女性で、外出するのが大好きでした。過去に演劇の勉強をしていたこともあって、芸術に触れるのがとくに好きで、美術館やお芝居、コンサートなどには足しげく通っていました。

しかし、数年前から持病のリウマチが悪化し、装具をつけなければ歩けなくなってしまいました。

それでも最初のうちは、親戚《しんせき》や友だちを頼んで外出介助をしてもらっていたのですが、彼女たちも同じように年配ですから、手助けは大変。そのために、だんだん家ですごす時間が増え、性格も内向的になっていきました。

そんなとき、地域のボランティアで、外出介助をしてくれる人と出会いました。

子育てが一段落した40代の主婦でしたが、その人の生き生きとした表情を見た幸恵さんは、外出ができる喜びを味わうと同時に、人に世話にならなくては外出もできない自分が情けなくなりました。

「若いっていいわね。こうやって人の役に立つ仕事ができるんですもの。私は人に厄介《やっかい》かけるばっかりで、悲しくなっちゃうわ」

そう愚痴《ぐち》をこぼしてしまいました。

すると、介助の女性は、

「それなら、ボランティアをやってみませんか。人手が足りなくて困っているんですよ」

と言うではありませんか。

「私がボランティア？　足が利《き》かない私なんかにできるボランティアがあるの？」

「もちろんです。幸恵さんだからこそできるボランティアがありますよ」

その女性が紹介してくれたのは、「朗読ボランティア」でした。これは、視覚障がいのある人や、高齢ゆえに自分自身で本を読むことが困難な人たちのために、朗読テープを作ったり、頼まれた本を読んだりするボランティアです。

朗読ボランティアがいると、目が見えなくても読みたい小説を耳で聞くことができますし、実用書などから必要な情報を得ることもできるのです。

ボランティアというと体を動かすことばかりが思い浮かびますが、たとえ体に障害を持っていたとしても、文字が読めて、ある程度の正しい発音ができること、講習や訓練を受ける時間がある人なら、誰でもできるわけです。

もともと演劇の経験のあった幸恵さんは、発音については自信がありましたし、本を読むのも大好き。そのうえ、朗読テープを作る作業は在宅でもできましたので、何から何までピッタリのボランティアだったのです。

ボランティア大学を知っていますか

地域によって呼び方は異なりますが、「社会福祉協議会」や「ボランティアセンター」といった施設は日本国中どこにでもあります。もし、ボランティアをはじめてみようかなと思ったら、一度そういった施設に足を運んで、どんな種類のボランティアがあるのかを知るのもいいかもしれません。体に障害を持っていても、自分の得意な部分を生かすボランティアもあるのですから、「私なんかじゃダメ」と諦《あきら》める前に、調べてみる価値は大いにあるでしょう。

また、最近ではボランティアをはじめる人のために、「ボランティア大学」を開設する地域もあります。

そこでは、社会福祉やボランティア活動の重要性を学ぶ「基礎知識講座」や、車イスやアイマスクなどを使用した疑似体験などをまじえながら、本人の気持ちに寄り添える介助を学ぶ「障害者身体介助ボランティア講座」、地震や土砂崩《どしゃくず》れなどの災害時に罹災者《りさいしゃ》が何を求めるのか、そこでどんな手助けができるのかを学ぶ「災害救援ボランティア講座」、自分自身の特技を生かせるボランティアを見つけられる「ボランティア、あれこれ体験講座」など、いろいろと幅広くボランティアについて学べます。

また、すぐにボランティアをはじめなくても、この講座を受けていれば、いざというときに役立つ知識が凝縮《ぎょうしゅく》されているのです。

シニアの年齢といっても、頭も体もしっかりしているなら、隠居《いんきょ》するには早すぎます。ただ老いていくのは、大いなる社会的損失でしょう。

「情けは人のためならず」という言葉のとおり、人の役に立つことは、必ず自分自身にもよいことをもたらしてくれます。あなたの第二の人生をボランティアに向けて、新たな生きがいを見出《みいだ》してみませんか。

第5章

ひとり暮らしの老後もバラ色です

がんばらない「ひとり暮らし」を楽しむ

しばらく前までの日本では、二世代三世代同居は当たり前で、シニアは多くの家族に支えられ労《ねぎら》われ、また尊敬されていました。それが標準的なシニアの姿でしたから、年齢を重ねてもひとりで暮らしている人は「変わり者」に見られたり、「かわいそうな人」といった目を向けられたものです。

時が流れ、家族のあり方は様変わりしました。ここまで触れたエピソードにもいくつかあったように、核家族化が進み、老後のひとり暮らしは珍しいものではなくなったのです。それどころか、今後もますます増えていくことは明らかです。

そうしたことをふまえ、この章では、「ひとり暮らしの老後」の楽しみ方、がんばらないでいい「ひとり老後」のあり方について、お話ししようと思います。

しかし、こんな時代になっても、いまだに「ひとり暮らしはお気の毒」といった風潮は根強く残っています。

「ひとり暮らしって、何かと不自由でしょう」

「ひとりきりで寂《さび》しくない？　人恋しくてたまらないんじゃない？」

などと親切に声をかけてくれる人がいるのです。しかし、「ひとり暮らし」はそんなに不自由で寂しいものでしょうか。

あなたは若い頃、「ひとりで暮らしてみたいな」と思ったことはありませんか。同室の兄弟たちに気を遣《つか》いながら勉強をしたり、しつけの厳しい両親の決めた早すぎる門限や、口うるさい小言に窮屈《きゅうくつ》さを覚え、誰にも干渉《かんしょう》されない自分だけの空間がほしいと思ったことはないでしょうか。

また、結婚して子どもができてからも、狭い住宅事情のなかで、ひとりきりになれる場所がほしいと思ったことはないでしょうか。

どんなに友だちがたくさんいて、にぎやかに騒ぐのが好きな人でも、ひとりになる時間がまったくなければ息が詰まってしまいます。なぜなら、誰にも気を遣わない時間と空間こそが心の安らぎを生むからです。

とくに年齢を重ねると、誰でも頑固《がんこ》になったり、自分のペースを守りたいものですから、誰かと暮らすことは、軋轢《あつれき》が生じる危険性を少なからずはらんでいます。また、家では若い世代の人たち中心で物事が進むため、高齢者や高齢者予備軍は疎外感《そがいかん》を覚えたり、いろいろ我慢をするシーンもあるでしょう。

しかし、ひとり暮らしなら、そんな心配は無用。自分自身のペースで、自分自身のやりたいようにやればいいのですから。

もちろん、パートナーや家族と一緒にすごす老後を否定するつもりはありませんが、ひとり暮らしには、ひとり暮らしにしかない気ままさや自由といったメリットもたくさんあるのです。

ちょっと考え方を変えてみれば

ひとり暮らしに至るには、人それぞれの事情があります。たとえば、結婚をせずに生涯ひとりを貫くタイプ、結婚はしたけれど離婚をし、途中から人生をひとりで歩んできたタイプ、パートナーに先立たれてひとりになってしまったタイプ、そのほか子どもが巣立っていったひとり暮らしタイプなど、さまざまです。

結婚をせずにひとりを貫いてきた人は、長い時間をかけて「ひとりで人生を歩むこと」の意味を考えているので、たとえ定年後にひとりですごす時間が増えたとしても、急に老け込んだり落ち込んでしまう心配は少ないと言われています。なぜなら、彼らはひとりで暮らすいい面も悪い面も熟知している「ひとり暮らしのプロ」だからです。

また、離婚してシングルになった人たちは、ひとりでいる月日の長さにもよりますが、やはりひとり暮らしに対して強いと言えます。なぜなら、離婚という肉体的にも精神的にも厳しい局面を乗り越えるなかで、「いずれはひとりになる」という覚悟ができているからでしょう。

あくまで傾向としてですが、ひとり暮らしに弱いのは「伴侶《はんりょ》に先立たれたタイプ」だと言われます。ほかのタイプがひとり暮らしをみずからの意思で選んだのに対し、このタイプはパートナーの死によって、結果的にひとり暮らしになってしまったからです。

もちろん、長い時間、パートナーの闘病生活を支えてきた人なら、「いずれひとりになったら」と考える時間も、それなりの覚悟もあったかもしれません。しかし、看病をしているときのパートナーとの密接な関係と、ひとりになったときの間にはギャップが大きく、強い孤独感に襲われる傾向があります。また、パートナーが突然亡くなってしまった人に覚悟ができていないことは言うまでもありません。

だからといって、パートナーと死別した人はひとり暮らしを楽しめないかというと、そんなことはまったくありません。考え方をちょっとだけ変えてみたり、物事をいつもと違う方向から見てみたりするだけで、楽しく気ままなひとり暮らしを満喫できるようになるはずです。

わずらわしい人間関係をカットできる

現代はストレス社会などと言われるように、学校でも職場でも家庭内でもストレスは絶えません。そしてストレスが原因で病気になってしまう人が年々増えています。

ある病気にかかった患者に対し、医師がこう言いました。

「病気を治すにはストレスをためないことが一番ですよ」

すると、患者は答えました。

「それじゃあ、無人島に引っ越さなきゃなりませんね」

ストレスを引き起こす原因の多くは「人間関係のもつれ」です。極端な話、「人間のいるところストレスあり」ということなのでしょう。

そう考えると、ひとり暮らしはストレスフリーの代表格です。なぜなら、ドアを閉めればわずらわしい人間関係をシャットアウトできますし、無理に人に合わせて気疲れすることも、誰かのために何かを我慢する必要もないのですから。

人は生まれてくるときもひとり、最期もひとり。つまり、「ひとり」はとても自然なことなのです。

その事実を素直に受け止められれば、ひとり暮らしのよさがもっと見えてくるでしょう。

ひとり暮らしをはじめた理由

年齢を重ねてからのひとり暮らしは、どうしても「不自由」「孤独」「心細い」など、マイナスのイメージばかりがつきまといます。でも、世の中にはあえて「ひとり暮らし」を選ぶ人もいるのです。

ある女性の例を見てみましょう。

房江さんは、半年前からひとり暮らしをはじめました。30代前半で夫に先立たれた彼女は、医療事務の資格をとって近所の診療所で働き、女手ひとつで、ひとり息子を立派に育てあげました。60歳を区切りに診療所を退職したのですが、時を同じくして息子が結婚。家族は3人になりました。それまでずっと働き通しだった房江さんは、

「これからはのんびりとした生活を送りたい。あくせく働くのはもうおしまい」

と考えていたので、いい機会だと思って、お嫁さんに台所を明け渡しました。お

嫁さんが料理上手だったことと、ひとつの台所にふたりの主婦はいらない、トラブルのもとになると友だちから聞かされていたからです。

お嫁さんはとても気がつく人で、料理も掃除も完璧《かんぺき》にこなしてくれました。クルクルとよく働き、主婦として文句のつけようがありません。

だから最初のうちは、

「いいお嫁さんが来てくれてありがたい。これで私も遠慮なく休ませてもらえる」

と思ったのですが、半年がすぎた頃から漠然《ばくぜん》とした焦《あせ》りのような、もやもやとして言葉にできないような不安が、胸に広がるようになったのです。

最初はその気持ちの正体が何なのかわからなかったのですが、ある日、重い荷物を動かそうとしたときに、お嫁さんが飛んできて、

「私がやりますから、お母さんはどうぞお休みになっていてください」

と言われて、はたと気づいたのです。

「彼女がうちに来てから、私は休んでばっかり……。こんな生活していたら本当の年寄りになっちゃう！」と。

お嫁さんは、決して房江さんを除《の》け者にしたわけではなく、義母として大事にしていただけなのですが、その結果、房江さんがやるべきことは以前と比べると激減してしまいました。

その分、カルチャースクールに通うなり、趣味のサークル活動などに参加すればよかったのでしょうが、何十年もの間、育児、家事、仕事だけをやり続けていたので、これといった趣味はなく、することと言えばテレビを見ることくらいだったのです。

そして家事もせずテレビを見るだけの毎日のなかで、房江さんは自分自身の存在が希薄《きはく》になるような、いてもいなくてもいいような、そんな不安を抱えるようになっていったわけです。

「このままじゃいけない。どうにかしなきゃ」

そんなとき、同じように早くに夫を亡くし、子どもも独立してひとりで暮らしている友だちから、

「お嫁さんに寄りかかるような生活をしていたら老け込むだけよ。まだまだ体だ

って動くんだから、今のうちにひとり暮らしをはじめてみれば」

そうアドバイスを受け、一念発起《いちねんほっき》して「ひとり暮らし」をはじめたのでした。

「気楽でいいわ」と感じる瞬間

房江さんが「ひとり暮らしをしたい」と言い出したとき、

「これからやっと親孝行ができるのに、どうして出ていってしまうんだ」

「私もお母さんに楽をしてもらえるよう、もっとがんばりますから」

と、息子さんとお嫁さんは必死になって止めたそうです。何度も話し合った結果、最終的には息子夫婦も、

「自分のことが自分でできるうちはひとり暮らしをしたい。年寄りのわがままだと思って許してほしい」

という彼女の気持ちをやっと理解してくれました。ただし、

「1週間に1回、少しの時間でもいいから息子夫婦の家に顔を出す」

「1か月に1回は、必ず家族全員で食事をする」

という条件付きでしたが。

さて、念願のひとり暮らしをはじめた房江さんは、ひとりになって改めて、

「ああ、なんて気楽なんだろう」

と思ったことが数多くあったそうです。それも、ひとり暮らしをするまでは自分自身も気づかなかったことでした。

じつは房江さんは、長年の事務仕事のせいもあって、肩こりがひどかったのです。もちろん、四六時中痛むわけではないのですが、書きものをしたり、根《こん》を詰めて本を読んだりすると肩の張りが強くなり、つい、「ああ、痛い痛い」と言うのが口癖になっていました。しかし、お嫁さんが家に来た頃から、気軽に「ああ、痛い痛い」が言えなくなっていたようです。なぜなら、房江さんがこの言葉を口にするたびに、

「お母さん、よかったら肩もみましょうか」

「何か、お薬を持ってきましょうか」

などとお嫁さんが気を遣《つか》ってくれるからです。

嫁の優しい心遣いが最初は涙が出るほどうれしかったのですが、しだいに「お嫁さんに気を遣わせないようにしなきゃ」という遠慮に変わっていき、知らず知らずのうちに、肩が痛み出すと誰もいないのを確認してから、首の筋を押さえたり、肩を回したりするようになっていました。

しかし、ひとりきりならそんな心配はいっさいありません。房江さんは久しぶりに気がねなく、「ああ、痛い痛い」と口にできたそうです。

これは、同居とひとり暮らしの両方を経験したことのある人だからこそわかる体験談かもしれませんね。

この家から離れたくない

都内在住の敬三さんもまた、「ひとり暮らしの幸せ」をしみじみと感じているひとりです。

敬三さんは数年前まで長女夫婦と同居をしていました。長女夫婦には3人の子どもがいて、にぎやかな6人家族でした。しかし、長女夫婦が海外に赴任《ふにん》することになり、敬三さんはひとり日本に残るという道を選びました。なぜなら、この年齢になってから見知らぬ土地、それも海外で暮らすのには抵抗があったし、何より、亡くなった妻と一緒に苦労して建てた家から離れたくなかったからです。

その決心を親戚《しんせき》に話すと、みな口をそろえて、

「男ひとり残って大丈夫？　不便だし、寂しいだろう」

「娘や婿《むこ》が声をかけてくれるうちが花だよ。一緒に行ったほうがいいよ」

と、ひとりで残ることに反対しましたが、敬三さんの決心が揺らぐことはありませんでした。

しかし、娘家族が引っ越していき、やけに広く感じるテーブルでひとり食事をしたときには、さすがに寂しさが込みあげて、

「ああ、やっぱりみんなが言うように、一緒に行けばよかったかな」

「住めば都というくらいだから、外国だって住み慣れればそれなりに楽しめたか

もしれなかったのに……。どうして尻込みしてしまったんだろう」
などと、次から次へと後悔の念が浮かび、気持ちが落ち込んでしまったそうです。

ひとりになってこそわかる幸せがある

しかし、敬三さんの落ち込みはそう長くは続きませんでした。なぜなら、翌日から家のことも身のまわりのことも、全部自分でしなくてはならなかったからです。目の前にある現実に追われ、過去にこだわっている時間がなくなった、というわけです。

さらに、その生活に慣れてくると、寂しいどころかひとり暮らしのよさがしみじみと感じられるようになったというのです。

６人で暮らしていた頃、敬三さんが入浴する時間は、およそ午後６時と決められていました。なぜなら、３人の孫たちが学校や塾、部活動から帰ってくる時間がバラバラで、彼らより先に入っておかなければどんどん時間がずれ込んでしまうからでした。6時をのがすと遅くなるので、最終的には、「今夜は風呂はやめておこう。明日入ればいい」となってしまうこともあったのです。

外出先から帰ってひと息入れたいと思っても、逆に床に入る前にゆっくり温まりたいと思っても、決まった時間が来れば入浴するしかなかったようです。

また、敬三さんが入るのは一番湯でしたから、あとの人が気持ちよく入れるように湯を汚さないよう気を遣っていました。

娘や孫たちだけならいざ知らず、婿も入るわけですから、浴槽から出るときには必ず網を使って、髪の毛やゴミを拾っていたのです。夏場は大して苦にならないこの作業も、冬はせっかく温まった体が冷えてしまうこともありました。

集団生活をしていれば、お互いに気持ちよくすごすためのルールは欠かせません。そのことは敬三さんも理解していましたが、内心、荷が重いと感じることもあったのです。

ひとり暮らしをはじめて最初に「ああ、ひとり暮らしっていいなあ」と感じたのはバスタイムでした。自分の入りたい時間に、あとのことを気にせずにゆったたりと風呂に入れるのがこんなに幸せだとは思ってもみなかったそうです。

しかし、何もかも同居時代と違うかというと、そうではありません。「湯のゴミとり作業」は今もなお続けています。なぜなら、ひとりしか入らない湯はきれいに使えば翌日も沸かし直してまた入れるし、洗濯用にも使えるからです。

ただ不思議なことに、以前までは面倒だと思っていたこの作業が、ひとりになってからはちっとも苦痛ではなくなりました。それまでは「あとの人のため」にやっていたのに、今は「自分のため」にやるからでしょう。

することは同じでも、目的が異なれば、やる気にも違いが出るのです。

家族といるほうが孤独なこともある

老後のひとり暮らしは、どうしても「孤独」というイメージがつきまといます。

そのため、家族がいる場合には、

「早く息子さんと同居すれば」

「元気なうちに娘さんのところに引っ越したほうがいいんじゃない」

などと助言してくれる人が多いのです。

たしかに、自分の子どもや孫たちに囲まれてにぎやかにすごす老後が悪いとは思いません。きっと楽しいこともたくさんあるでしょう。しかし、家族が多ければ多いほど孤独感は薄れるかというと、正直なところ疑問が残ります。

「孤独」という言葉を辞書で引くと、「仲間や身寄りがなく、ひとりぼっちであること」のほかに「思うことを語ったり、心を通い合わせたりする人がひとりもなく寂しいこと」とあります（『大辞林』）。つまり、単純に「ひとりきりでいること＝孤独」ばかりではなく、たとえ大家族のなかに身を置いていても、そのなかで心を通い合わせる人もなく孤立していれば、ひとりで暮らすよりもっと強い孤独感を味わうこともあるのです。

「孤独は山になく、街にある。ひとりの人間にあるのではなく、大勢の人間の『間』にあるのである」

こう語ったのは京都学派に連《つら》なる哲学者・三木清です。たしかに、山のなかにひとりきりでいることは寂しいかもしれませんが、人ごみのなかで、誰も知っている人がなく、ぽつんとひとりぼっちになるほうが、ずっとずっと寂しいものでしょう。

ひとり暮らしが一番いいとは言いません。しかし、老後は家族と一緒にすごすのが一番いいのかと言えば、イエスとは言い切れないのです。「家族との同居生活をがんばる」という意識が重荷になることもあるのです。

連れ合いはあってもよし、なくてもまたよし

「共白髪《ともしらが》」とも呼ばれる高砂《たかさご》人形をご存じですか。白髪の老夫婦をかたどった人形で、妻はホウキを、夫は熊手《くまで》を持っています。それには「お前百まで（掃《は》くまで）、わしゃ九十九まで（熊手）」という意味があり、また、ともに白髪になるまで仲むつまじくとの願いが込められています。主に関西地方の結納の一品として加えられる人形なので、関東の人にはなじみが薄いかもしれませんね。

高砂人形は「理想の夫婦像」とされているわけですが、なかなかこんな夫婦にはお目にかかれません。しかし、「ともに白髪になるまで添い遂《と》げることが夫婦の幸せ」というイメージは日本人の心に深く浸透していますから、何かの事情によって連れ合いがいなくなってしまうと、

「ああ、私の人生は理想どおりにはいかなかった」

と嘆く人が出るのです。

しかし、高砂人形が理想の夫婦像と誰が決めたのでしょうか。本来、理想は自分自身で決めるもの。人の決めた理想像と現実が違っても、別に気に病《や》む必要などないでしょう。

連れ合いはあってもよし、なくてもよし。ただ目の前の現実を、ありのままに受け入れればいいのです。ふたりにはふたりのよさ、ひとりにはひとりのよさがあるのですから。

第6章

深刻にならずに考えておきたいこと

「天国に財布はいらない」という真理

第一線を退《しりぞ》いた生活に入ると、急に人づき合いが悪くなったり、家から出なくなる人がいます。

「誰かと会えば、お茶だ、お酒だとなって、何かと金が出るからな」

「外に出て一銭も使わないなんて無理な話でしょう。万が一のときに困らないように、出費は最小限に抑えなきゃ」

「家にいてテレビを見ていれば、お金は出ていかないからね」

たしかに、この先どうなるかわからないのに、現役のときと同じ感覚で飲み食いをしたり遊び歩くわけにはいきません。また、年齢を重ねると誰でも、攻めから守りの姿勢になる傾向があるので、こういった気持ちはわからないでもありません。

しかし、ただ家でじっとして、万が一のときに備えているのがいいのでしょうか。せっかく働きづめの生活から解放され、自由でのびのびとした老後を送れるのに、今度は、いつ来るかわからない万が一のときに備えて禁欲生活をするのでは、あまりに寂《さび》しくないでしょうか。もしかすると、蓄《たくわ》えを使う前に動けなくなってしまうかもしれません。それでは、がんばってきた日々の意味がなくなってしまいます。

老後の人生に一番大切なのは「楽しみ」です。これがなければ毎日がいたずらに長く、生きることさえ苦痛になってしまいます。人間の脳は、年をとると「創造力」や「意欲」がまず減退していくとも言われています。

ですから、老後の人生も半ばまで来て、先の見通しがつき、「そろそろお金を使っても大丈夫になったな」と思っても、そのときにはすでに楽しむ心も意欲もなくなっているかもしれません。

たしかに、できるだけ出費を抑える努力をするのは重要です。しかし、自分の楽しみのために支払うお金は「必要経費」と考えたらいかがでしょうか。楽しみと生きがいは比例するのですから、生きる力のために支払う代金だと思えば、納得できるのではないでしょうか。

虎の子を守るために生きるのか、楽しむために生きるのか、考え方は人それぞれです。ただし、「天国に財布はいらない」「お金は天国には持っていけない」ということは忘れずにいたいですね。

貸したお金を催促するには

「お金を貸してほしいと頼まれたけれど、どうしたらいいか」と悩む人は少なくないようです。

人間関係を大事にしたいなら、お金の貸し借りだけは避けるようにと言われますね。困ったときにお金を貸してくれる人は、ありがたい存在です。ところが、返せない場合には、心理的にその人を避けたくなり、お金を借りたときにはありがたく思えた人が、できれば会いたくない人になってしまうのです。

何とも奇妙な話ですが、これが人間の偽らざる心理と知っておくべきでしょう。

そこで、お金を貸すなら、返ってこないことを覚悟できる場合だけにすべき、と言われるわけです。

よく「申し訳ないが」「悪いけれど」と前置きして、貸したお金を返してほしいと切り出す人がいます。催促しにくいのはたしかですが、これはかえってマイナスです。「申し訳ないが」「悪いけれど」という態度に出られると、返す側には、「返金しないと相手が困るから、返金してあげなくては」というような奇妙な心理的なすり替えが起こりがちです。

「すまないが」「すみませんが」というフレーズは、基本的にはお詫《わ》びの言葉です。だから、こういうケースでは、心理的な逆転を招きかねないのでしょう。

お金を貸した側が下手《したて》に出てはいけないというのは、お金を貸したことで立場が上になるということではありません。人間関係は、貸し借りに関係なくニュートラルであるべきだからこそ、「すみませんが」は使うべきではないのです。

返済を切り出すときは、あっさりと「例のお金、約束の期限だね」などと話すほうがいいでしょう。「すみません。もう少し待っていただけますか」と言われた場合は、いつでもいいと思ったとしても、いつ頃になるのかを尋《たず》ねます。そして、

「来月の月末までには」というような具体的な期日を引き出すようにします。

約束の期限が来てもお金を返す様子が見られず、ずるずる返済が遅れると、いい関係に戻るのが難しくなってしまいます。そんなときは、「この間、ご用立てしたお金だけど、急な入り用があって」と、自分のほうでも必要になったと持ち出すのがいいようです。

このとき、実家に病人が出たとか、家族が倒れたなどと嘘《うそ》をつく人がいますが、嘘は必ずバレるものです。そして、バレたときには皮肉なことに、お金を貸した側なのに、嘘をついた立場のほうがバツが悪く、居心地の悪い思いをしかねません。

やはり、漠然《ばくぜん》と「急な入り用があって」くらいにしておくのがいいでしょう。

がんばって孫にお小遣《こづか》いをあげる必要はない

ラジオの悩み相談室で、ある女性がこんな相談をしていました。

「じつは、今年から幼稚園にあがる孫がいるんです。娘の子でして、今までは、会いに行くときにちょっとした玩具《おもちゃ》なんかを買って持っていきました。でも、幼稚園となると好みも変わるだろうし、お金をあげたほうが好きなものを買えるかなって思うんです。お小遣《こづか》いの相場なんですけど、どれくらいがいいんでしょうか」

このとき回答者は、

「娘さんは生活に困っていらっしゃるんですか」

と逆に問いかけました。すると、その女性は、

「いいえ、とくに裕福ってわけじゃありませんけど、連れ合いのお給料で親子3人、何とかやっています」

「では、何のためにあなたが玩具やお金をあげるのでしょうか」

「孫は可愛いし、好かれたいって気持ちがあるからですけど……」

「もし玩具やお金をあげるのをやめたら、お孫さんはあなたのことを嫌いになりますか」

そこまで言われた女性は少しムッとしたのか、

「うちの孫はそんな子じゃありません。私が行くだけで喜んでくれます！」

そう声を荒らげて答えました。すると回答者は、

「それならもう、玩具やお金をあげる必要はありませんよ。お金があり余って困っているのならあげてもかまいませんが、もっと別のものをあげればいいじゃないですか」

とアドバイスしたのです。

お金よりも素敵なプレゼントがある

その後、回答者が女性にしたアドバイスを要約すると、次のようなものでした。

そのまま玩具やお金をあげることを習慣づけてしまえば、孫が小学校高学年になる頃には、「おばあちゃんとお金」はワンセットとして見られるようになってしまう。孫にとってお金をもらうことは当たり前になっているので、もし、何かの理由で生活が苦しくなっても、孫の喜ぶ顔見たさにがんばって小遣いをあげ続けるようになる。

さらに、「おばあちゃんとお金」はセットなので、ついふらっと遊びに行きたくても、お小遣いをあげる余裕がなければ敷居が高くなってしまう。仮に手ぶらで娘宅を訪ねたとしても、

「ごめんね、今日はちょっと来ただけだから、お小遣いはないのよ」

と、悪いこともしていないのに孫に謝るようなことになってしまうし、そのときに孫に舌打ちでもされたら踏んだり蹴ったりである。しかし、最初からお金をあげたり玩具を買ってあげる習慣をつけなければ、純粋におばあちゃんが会いに来てくれたのを喜んでもらえる。孫が幼稚園にあがる前がお小遣いをあげるのをやめるチャンス。もしお金をあげたいのなら、孫ではなく、娘にあげたほうが喜ばれるし、無駄にならない。

というような内容でした。

しかし、その女性は、

「でも、私としては初孫だし、何かしてあげたいんですよね」

と煮え切らない様子です。すると回答者は、

「それなら、毎回何か思い出に残ることをしてあげたらいいじゃないですか。これはあくまで一例ですが、会うたびに絵本を読んであげるのはどうでしょうか。小さな子はお話を読んでもらうのが大好きですし、お孫さんの感受性を育てるという最高のプレゼントになると思いますよ」

「絵本を買ってあげるなら、玩具をあげるのと同じじゃないですか」

「いえいえ、買ってあげるんじゃありません。絵本は図書館から借りたものでいいんです。図書館には書店以上にいい絵本がそろっています。何を選んでいいのかわからないときは、図書館司書が相談に乗ってくれます」

「そうなんですか……。でも、何度も読みたがったらどうするんですか」

「何度でも借り直して読んであげてください。図書館なら一銭もお金はかかりませんし、そのうえ大きくなってからも、ずっとずっと心に残る思い出をプレゼントできるんですよ。すばらしいことじゃないですか」

それを聞いた私は「なるほどな」と思いました。たしかに、お年玉やお小遣いはもらったときはうれしくても、それを使ってしまえばうれしかった気持ちも消えてしまうものです。しかし、近所のお兄ちゃんやお姉ちゃん、年長のいとこに遊んでもらった思い出は色あせることがありません。それどころか、年を重ねるほど鮮明に蘇《よみがえ》ったりするものなのです。

「愛はお金で買えない」といいますが、最近は愛情をお金で表そうとする人が増えています。ちょっとした工夫があれば、お金や物よりも素敵なプレゼントができることを忘れないでください。

病気のことは医師に相談するのが一番

人間誰でも「健康でありたい」という思いは共通です。「病気を抱えたまま長生きするより、健康なまま、ある日ポックリ逝《ゆ》きたい」という気持ちでいる人が多いのも、何となくわかりますね。

けれども、長生きすればするほど病気のリスクが高くなるのはしかたのないことです。そこで、これからは病気と上手につきあう術《すべ》が必要になります。

「健康」は何にも代えがたい財産です。神経過敏になる必要はありませんが、つねに体調の変化には気を配り、異変を感じたときには専門の医師に相談するのがいいでしょう。

しかし、困ったことに医師にかかりたがらない人たちがいます。

「ここ2か月ほど咳《せき》が止まらないんだよ。それに微熱もあるみたいでね、やっぱり風邪《かぜ》かな？」

と知り合いには病状を話すのですが、

「一度、病院に行って診《み》てもらえば？」

こんなふうにすすめられると、

「そんな大げさなもんじゃないよ、ただの風邪だろう。薬を飲めばすぐ治るさ」

と、そのままにしてしまうのです。

そういった人たちがみな、大雑把《おおざっぱ》な性格かというと、そういうわけではありません。他人に病状を話すくらいですから、やっぱり自分でも心配で、心のどこかで「病院に行ったほうがいいかな？」と思っているのです。しかし、病院に行って、何か悪い病名を告げられるのが不安なのでしょう。それで他人にさりげなく病状を打ち明けるなどして、不安のガス抜きをしているというわけです。

病院に行くかどうかは、自分の判断にかかっています。

「医師なんかより、自分の体のことは自分が一番わかるんだ」

こんな人もいますが、やはり病気のことは医師に相談するのが一番です。

たとえば、先の「微熱があって咳が止まらない」人などは、結核の可能性も考えられます。結核は風邪の症状と大変似ており、そのまま放置しておけば病気が進むだけでなく、他人へも感染するので、自分だけのことではなくなってしまいます。

どんな病気も「早期発見、早期治療」が鉄則。早めの治療なら投薬や通院だけで治せたかもしれないのに、長く放置しておいたために、入院を余儀なくされる場合もあるのです。

病院に行って診察を受けた結果、何でもなかったのなら、こんなにいいことはありません。素人の根拠のない「大丈夫だろう」という判断は危険です。

「いちいち病院に行くなんて大げさだ」

なんて意地を張ってがんばらず、「おや、いつもと調子が違うぞ」と感じたらすぐに受診しましょう。

また、日頃の自分の体調を知っておいてもらえるような、かかりつけの医師を作っておくことも、シニアの健康にとっては大変重要なことです。

民生委員は「困ったときに相談できる近所の人」

町を歩いていると、門扉や表札など通りから見えるところに「民生委員」という表示がある家を目にしたことがありませんか。

「民生委員って書いてあるのは見たことがあるけれど、何をしている人なのか知らない」

こんな人も少なくありません。しかし、シニアにとって民生委員は力強い味方になってくれる人です。どんな役割を担《にな》っている人なのか知っておくといいでしょう。

民生委員は、地域のなかで住民の立場になって、相談に応じたり、その要望を関係機関に伝える仕事をしています。また、高齢者や障害者などへの訪問・支援なども行い、社会福祉に努める名誉職です。任期は3年で、都道府県知事が推薦し、厚生労働大臣が委嘱《いしょく》します。

こう書くと格式ばって敷居が高く感じられるかもしれませんが、「困ったときに相談できる近所の人」という認識でかまわないと思います。

70代後半の京子さんは、ここのところ急に足腰の力が落ちてきたことを気に病《や》んでいました。風呂に入ったとき、浴槽から立ちあがるのに難儀《なんぎ》するようになったことがきっかけでした。

つい先日など、すっかり体は温まっているのに浴槽からなかなか出ることができず、やっとの思いで出たときにはすっかりのぼせてしまい、洗い場でしばらくじっとしていなければならなかったほどです。

「せめて、風呂場に手すりがあったら……」

そう考えたのでしたが、年金暮らしでは大工さんを入れるほどの余裕はありません。しかたなくシャワーだけを使っていたのですが、買い物先でばったり出会

った民生委員の女性に近況を聞かれ、その話をしてみると、

「お風呂場の手すりなら、市から助成金が出るかもしれませんよ」

と言って、さっそく申請の手続きをしてくれました。そのおかげで風呂場には、ちょうどいい手すりがつき、出費も想像より少額で抑えることができました。

もし困っていることを口に出さなければ、手すりはつくことはなく、もしかすると手すりがなくて大ケガをしていたかもしれません。

もちろん、民生委員が何もかも解決してくれるわけではありませんが、少なくとも解決に向けて一歩踏み出す手伝いをしてくれるのは間違いありません。

近所の助けを「大丈夫ですから」と断らない

活動方法や内容は異なりますが、多くの地域ではシニア同士の親睦《しんぼく》や交流を図るために、さまざまなイベントがあります。また、民生委員が自宅を訪問して生活相談を受けるなどの活動も行われています。

しかし、「うちは大丈夫ですから、けっこうです」と、いっさいの支援を拒否するシニアも少なくありません。そうした人の心のなかには、「できる限り人様に迷惑をかけたくない」という謙虚な気持ちもありますし、「人の施《ほどこ》しを受けなければならないほど、自分は老いぼれていない」といった自尊心もあるのでしょう。

しかし、人間は年をとります。確実に体力が衰えていきます。厳しい言い方かもしれませんが、今日できたことが、明日も同じようにできるとは限らないのがシニアの現実。人の力を借りずに自力でがんばりたいという気持ちは大変立派ですし、持ち続けたいものだと思います。でも、人は決してひとりでは生きられません。他人を助けたり、助けられたりしながら生きているのです。

ですから民生委員に限らず、近所の人の助けを「大丈夫ですから」と断らないでください。もし、現在は助けが必要でないのなら、

「今は大丈夫ですけれど、困ったときはよろしくお願いします」

と話せばいいのです。こう言っておけば、どちらに転がっても問題ありません。

しかし、「けっこうです」と最初に突っぱねてしまうと、本当に困ったときでも、

「あんなふうに断わった手前、今さら助けてほしいとは言えないし」などといった、変なプライドが頭をもたげ、自分自身を縛りつけてしまうでしょう。そんなことにならないような、大人の対応が大切です。

福祉サービスを受けるのは「権利」と考える

日本全国どの地域の行政でも、シニアに対する福祉サービスをしています。その種類や内容は異なりますが、たとえば、ひとり暮らしのシニアには地域の公衆浴場の入浴が無料になる券が配られたり、食事の支度が困難な人には、お弁当を配るサービスもあります。

これらのサービスは、自己申告によって受けられるものも数多いため、サービスの対象になっているにもかかわらず、すべての人がもれなく受けているわけではありません。

「何も、わざわざ頼まなくても」と、サービスがあることを知っていながら、積極的に受けようとしない人もいます。これは本当にもったいない話です。せっかく高額の税金を国に納め、それによって行われるサービスを受けないのでは、ただ税金を納めているだけになってしまいますね。

また、これらの福祉サービスは受ける人の人数が少なければ、いつの間にか姿を消してしまう場合もあります。利用者からしてみれば「謙虚な気持ちで遠慮していただけ」なのに、行政からすると「必要のないサービス」とみなされてしまうのです。これでは、あとあと福祉サービスを受けたいと思うシニアのためにもなりません。

こうしたサービスを受けることを「施し」と考えてしまうと、どうもプライドが邪魔《じゃま》をして「別に受けなくても大丈夫だから」と強がってしまいたくなりますね。しかし、これらを「権利」と考えればどうでしょうか。特別な場合を除き、ほとんどの人が納税の義務を果たしているのですから、行政側にはそれに相当するサービスを還元する義務があるのです。

「義務を果たして権利を得る」と割り切れば、情けない気持ちや卑屈《ひくつ》になる必要はありません。もちろん、遠慮も不要です。

福祉サービスの種類や内容については、居住している地域の区役所や市役所、各出張所などでも知ることができます。また、地域の民生委員に聞いてみるのもいいでしょう。やってもらえることは上手に利用して、楽しいシニアライフを送りましょう。

ダメモト覚悟でとりあえず言ってみる

年齢を重ねていくと、それまでは何でもなかったことが不便に感じたり、危険を覚えたりというケースは珍しくありません。生活のなかでそんなことが増えていくと、暮らしに不安を覚えるようになりますね。

しかし、「年のせいだからしかたない」と片づけてしまえば、それきりです。不自由さは増すばかりでしょう。

そんな場合、がんばらずに「とりあえず言ってみる」「とりあえず相談してみる」のはとても大切です。どんな市町村でも、市民の相談を受けてくれる窓口がありますから、そこに出向くなり、近所の民生委員などに相談すると、問題が解決されるのは珍しくありません。その一例を紹介しましょう。

80歳を超えた竹内さんは、週1回、図書館に行って本を借りてくるのが楽しみでした。

しかし最近は腰が弱くなって、図書館からすっかり足が遠のいてしまったのです。このとき、「もう年も年だから、図書館に行くのは諦《あきら》めよう」と思ったら、その先はありませんでした。ところが、竹内さんはこう思いました。

「図書館の本が読みたいのに、本を借りに行くのが大変だ。どうにかならないだろうか」

そして、ダメモトで役所の相談窓口に話してみたのです。すると、ほかにもそういった要望があったために、来館できない人向けに、ボランティアの協力を得て、自宅まで図書館資料を宅配するサービスが生まれたのです。

これは、「とりあえず言ってみる」の効果がはっきりと形になった例ですね。行政側はシニアがどんなことを不安に思い、どんなサービスを受けたいのか知りたいと思っています。なぜなら、ニーズにこたえるのがよりよいサービスの提供につながるからです。

つまり、市民の「やってほしいこと、不安に感じていることを訴える」のは、行政側の「やってほしいことや、不便に感じることを教えてほしい」という要求とピッタリ符合するわけです。

たしかに「もうこの年だから……」と諦めなくてはならないこともあるでしょう。でも、最初から諦めてしまってはもったいない。ダメでもともと、自分の意見を口にしてみましょう。あなたのひと言が多くの人の役に立つかもしれません。

あれこれ希望を口にするのはわがままじゃない

世の中にはさまざまなサービス業があります。ホテルに銀行、エステ、機械の修理、映画や舞台の興行、コンサルティング業などなど、あげてみればきりがありません。

そして、急成長しているサービス業のひとつに介護ビジネスがあります。しかし、この業種は、ほかのサービス業とはやや違うところがあります。

たとえば、あなたがマッサージの店に行ったとしましょう。その際、従業員の揉《も》み方が気に入らなければ、

「ちょっと揉み方が弱いので、もっと強くしてもらえませんか」

「肩だけじゃなくて、首の付け根のほうまで揉んでくれないかな?」

というように、希望を口にしますね。また、ホテルに泊まったとき、ベッドメイキングができていなかった場合は、

「今すぐ直してくれますか?」

「こんなベッドに寝られません。すぐに部屋を替えてください」

このように言うでしょう。

客は代金を支払っているのですから、その金額に見合うサービスを要求するのは当然だからです。

しかし、これが介護となると若干様子が変わります。

たとえば、ホームヘルパーの人に身体介護をしてもらったとき、多少不満があったとしても、「大丈夫です」や「けっこうでございます」と言ってしまう人が多いのです。

また、普通のサービス業の場合、サービスを受けて「ありがとう」と礼を言うことはあっても、「申し訳ありません」とか「ごめんなさい」と頭を下げることはありませんね。

しかし、介護ビジネスの場では利用者が何度も頭を下げたり、謝罪の言葉を口にするのは珍しくない光景です。

ヘルパーには希望を言ったほうがいい

こういったことが起きるのは、介護を「お金と引き換えにやってもらっている」ではなく、「善意でやってもらっている」と考える気持ちが強いからかもしれません。

もちろん、介護の仕事はお金のためだけにする仕事でも、できる仕事でもありません。「世の中の役に立つ仕事がしたい」「人に必要とされる仕事がしたい」という高い志《こころざし》がなければ、なかなか務まらないでしょう。

しかし、ビジネスの構造としては、お金を払う代わりにサービスを受けるわけですから、ほかのサービス業と何ら変わりがないはずです。

ホームヘルパーの仕事をしている人から、こんな話を聞いたことがあります。「利用者さんのなかで、こちらが何をやっても『ああ、いいですよ』とか『大変けっこうです』とか、いいことしか言わない方がいます。もちろん、それでいいならかまわないのですけれど、私たちに遠慮して我慢しているのなら、お互いのためにならないんです。私たちは利用者さんに少しでも喜んでほしい。だからぜひ、あまりがんばらずに、感じていることを正直におっしゃってほしいですね」

介護は施しを受けることではありません。ですから、罪悪感を持ったり引け目を感じる必要などないのです。不具合なことがあれば、具体的に口にしましょう。そのほうがサービスの向上につながります。

老人ホームは誰のためにあるのか

あちこちで、シニア向けの施設が建設されています。つい先日まで古家や空き地だった場所がいつの間にかデイケアの施設になったり、アパートを建てているかと思いきや、高齢者向けのグループホームだったり、ということも珍しくありません。

また、新聞の折り込み広告も、

「あなたの終《つい》の棲家《すみか》にしてください」

「最後まであなたらしさを失わない生活のお手伝いを」

「豊かなシニアライフを可能にした、最新式の介護システムです」

といったキャッチフレーズが添えられた老人ホームのものがいろいろと増えていますね。

金額も入居条件もまちまちですが、海を一望する眺《なが》めのいい部屋で、一流ホテル並みのサービスを受けられる施設もあるようです。もちろん、そういう施設はセレブシニアでもないと入居できませんが……。

では、こうした福祉施設のチラシを一番熱心に読んでいるのは、誰だと思いますか。もちろん、高齢者本人も読むでしょうが、もしかすると最も真剣なのは身内に高齢者がいる家族かもしれません。

ひと昔前までは、年齢を重ねて体が不自由になっても、同居している家族が支えていくのが当たり前でした。

「家族が支える」というのは表向きで、実際のところはその家の女性がほとんどその役割を担っていたと言えます。

しかし、現在では女性の社会進出が常識化し、女性の仕事の場は家庭だけではなくなりました。ですから、介護のすべてを彼女たちに託《たく》すことは難しくなっています。

そのため、「介護が必要になったら高齢者の施設に」というのが、いつの間にか世間一般的な流れになりつつあります。

でも、これは本当に高齢者本人が望んだことなのでしょうか。もしかすると、娘や息子世代、嫁や婿《むこ》世代の一方的な都合なのではないでしょうか。

がんばらずに、自分の気持ちを話す

豊子さんは、現在東京近郊でひとり暮らしをしています。彼女には息子がふたりいますが、どちらも独立して家庭を持っています。

豊子さんは東北の生まれですが、上京して勤務先で知り合った夫と結婚しました。夫は両親と暮らしていたので、彼女はふたりの子どもを育てながら、その後は義父母を何年間か介護したのち見送りました。両親を看取《みと》ってほどなく、ふたりの子どもたちが親元を巣立って新しい家庭を築き、豊子さんは夫とふたり、のんびりと老後をすごす予定でした。

ところが、夫は定年退職から1年目に脳梗塞《のうこうそく》で倒れ、寝たきりになってしまったのです。

彼女は献身的に介護をしました。そして3年の月日が流れ、夫も見送りました。そこからひとり暮らしがはじまったのです。

家は終戦直後に建てられたもので、かなり老朽化《ろうきゅうか》が進んでいます。階段の傾斜も急だし、あちこち段差だらけでバリアフリーとは無縁の構造。つまり、シニアにとってはひどく住みづらい家だったのです。

ある日、豊子さんは庭の水まきをしているときに石につまずき、倒れた拍子に腕を骨折。年齢も年齢なだけに完治にはかなりの時間を要すると医師から診断され、しばらくの間は息子の嫁たちが交代で食事を作りに来てくれることになりました。

そんななかで、長男から老人ホームへの入居の話が持ち出されるようになったのです。

豊子さんは夫と結婚してからずっとその家に住んでいましたし、これからもずっと住み続けるつもりでいました。また、ケガも長引くかもしれませんが治らないわけではないので、

「私はどこにも行くつもりはないよ」

と答えました。すると息子は、

「母さん、わがまま言っちゃダメだよ。毎週ちゃんと会いに行くから、ホームに入ってくれよ」

と言うのです。しかし、豊子さんはキッパリと、

「どうして、自分の家にいちゃいけないの？　寝たきりになってどうしようもなくなったわけじゃあるまいし、まだまだ元気なのに。だから、私はここにいることにするよ」

「ひとりで暮らしたい」なら、思いを大切に

豊子さんの息子さんたちは、それぞれに都内に家庭を持っていましたが、どちらも狭いマンション暮らしだったので、母親を呼び寄せるだけのスペースはありません。母親の家をリフォームして同居しようにも、通勤や通学のことを考える

と、それも難しかったのです。

さらに、「母親の面倒を見ていない世間体の悪さ」という要素も加わって、「ホーム への入居」となったのです。

息子さんたちの考えていることはよくわかります。また、多くの人たちは同じような考えを持っているでしょう。しかし、「ホームへの入居」という選択のなかに豊子さんの気持ちが反映されていないのが問題です。

「年齢を重ねても、住み慣れた自分の家にいたい」

「長年慣れ親しんだ町から離れたくない」

そう思うのはとても自然で、豊子さんに限らずシニアの多くにはこのような気持ちがあります。

旅先でどんな豪華なホテルに泊まっても、帰宅すると「あぁ〜、やっぱり家はいいな」と思いますね。ひどく疲れたときは、「一刻も早く家に帰って休みたい」と思うでしょう。自分の家というのは、そういう場所なのです。

あれこれ思案したのですが、結局、豊子さんは自分の意思を貫いて、ひとり暮らしを続けることになりました。

ただし、それまでヘルパーを家に入れることや、デイケアに行くことを拒んでいたのですが、こちらは息子たちの希望を聞き入れて快《こころよ》く受け入れることにしました。つまり、双方が歩み寄ったということです。

高齢化社会が進んでいる今、老人ホームの存在は重要であり、なくてはならないものでしょう。しかし、「ひとり暮らしをしたい」という意思を抑えつけてでも、入居しなくてはいけない場所ではないはずですね。

おわりに――自分自身のために老後を楽しむ

老後の生活を「余生」といいますね。「はじめに」でも触れましたが、改めて、「余生」への考え方についてお話ししましょう。

「余生」という言葉ですが、字面を見ると「余りの人生」とも読むことができます。つまり、仕事をしているときが本物の人生で、あとはおまけみたいなもの……ということなのでしょうか。

たしかに平均寿命が短かった頃は、仕事の場を退《しりぞ》いて、ほんのちょっとのんびりして、あとは天のお迎えを待つ……という人生だったかもしれません。

しかし、医学の飛躍的な進歩、生活水準の向上、食生活の充実などによって、日本人の平均寿命はぐんと伸びました。

「余生」はすでにおまけの人生ではなく、「仕事時代」と肩を並べるほど重要なメインの時間になっているのです。

定年を迎えたり、子どもを社会に送り出した時点で人生のゴールが見えてしまったつもりになってはいけません。

定年は人生の折り返し地点。まだまだ長い道のりを歩み続けるための中間地点にすぎません。

ただし、精一杯がむしゃらに走ってきた前半とは異なり、折り返し地点をすぎた人生は、自分なりのペースで進むことが大事なのではないでしょうか。

会社に勤務していた方にとって定年は、人生のなかで大きな区切りのひとつと言えます。ただし、その地点を境にして、どんどん老け込むようでは寂《さび》しいですね。現代人の人生はとても長いのです。

定年を迎えた年齢の人も、まだまだ隠居《いんきょ》するなどとんでもないほどの若さとパワーを保っています。あと10年くらいは十分に、社会人として働けるでしょう。それくらい、現代人の体や脳は若々しいのです。

しかし、仕事の第一線から外れると、急に年寄りになったような気持ちに陥《おちい》ってしまう人も少なくありません。

でも、年寄りだと思っているのは自分だけで、他人から見ると、まだまだ元気、それこそ席を譲ったりしたら、「年寄り扱いするんじゃない！」と叱《しか》られてしまいそうなほど若々しい人がいっぱいいるのです。

「定年退職」「引退」「第一線を退く」「子の独立」といったキーワードから「老い」を連想する人も多いかもしれませんが、これからの時代において、そうした区切りは「人生第二のスタート地点」「自分自身のために、楽しく生きはじめるポイント」と考えたほうがふさわしいようです。

仕事の現役時代にしても、子育てにしても、みなさんはきっと一生懸命がんばってきたことでしょう。しかし、自分のための第二の人生を送るうえでは、本書に記したような「がんばらない老後」を、ぜひ心がけてみていただきたいと思っています。

2018年11月

保坂 隆

【著者略歴】

保坂 隆（ほさか・たかし）

保坂サイコオンコロジー・クリニック院長。聖路加国際病院・診療教育アドバイザー。1952年、山梨県生まれ。慶應義塾大学医学部卒業後、同大学精神神経科入局。1990年より2年間、米国カリフォルニア大学へ留学。東海大学医学部教授、聖路加看護大学臨床教授、聖路加国際病院精神腫瘍科部長、リエゾンセンター長などを経て、保坂サイコオンコロジー・クリニックを開業。著書等に、『老いの手本』『小さいことにクヨクヨしない方法124』（以上、廣済堂出版）、『心が軽くなる「老後の整理術」』『老後のイライラを捨てる技術』（以上、PHP研究所）、『頭がいい人、悪い人の老後習慣』（朝日新聞出版）、『50歳から人生を楽しむ人がしていること』（三笠書房）、『精神科医が教える 50歳からの人生を楽しむ老後術』（大和書房）、『精神科医が教える ちょこっとずぼら老後のすすめ』（海竜社）、『敏感すぎる自分の処方箋』（ナツメ社）など多数ある。

デザイン：二宮貴子(jam succa)
イラスト協力：イラストAC
DTP：三協美術
制作協力：幸運社
編集協力：矢島規男　小倉優子　松本恵
編集：岩崎隆宏

＊本書は、2009年12月にKKベストセラーズから刊行された
『ひとり老後はこんなに楽しい』をもとに、加筆・修正、再構成したものです。
文中に登場する体験エピソードは、同書での時期表記のまま掲載しています。
人物名はプライバシー等に配慮し、すべて仮名となっています。

精神科医が教える
「がんばらない老後」のすすめ

2018年12月15日　第1版第1刷

著　者　保坂 隆
発行者　後藤高志
発行所　株式会社 廣済堂出版
〒101-0052　東京都千代田区神田小川町2-3-13 M&Cビル7F
電話　03-6703-0964（編集）
03-6703-0962（販売）
FAX　03-6703-0963（販売）
振替　00180-0-164137
URL　http://www.kosaido-pub.co.jp

印刷所
製本所　株式会社 廣済堂

ISBN978-4-331-52202-8　C0095